HEBREW IN THREE MONTHS

Hugo's Simplified System

Hebrew in Three Months

Glenda Abramson

Hugo's Language Books Limited

Written by

Glenda Abramson Ph.D. (Rand)

Cowley Lecturer in Post-Biblical Hebrew,
University of Oxford
Schreiber Fellow,
Oxford Centre for Postgraduate Hebrew Studies

Cover photo (Robert Harding Picture Library): Western Wall, Jerusalem

Set in 10/12pt Plantin by
Typesetters Limited
Printed and bound in Great Britain by
Page Bros Ltd., Norwich

Preface

Hebrew is the official language of Israel, and an essential ingredient of the cement that binds together a polyglot population drawn from many other countries. It is also the language of the Old Testament, and of the Jewish prayerbook and synagogue services in Israel and abroad, so that many Jews throughout the world are able to read it, and some even to speak it. Since the need for a common language was paramount in the nascent state of Israel, it is little wonder that Hebrew has developed so tremendously into a modern, spoken language during the twentieth century.

'Hebrew in Three Months' is an introduction to this language of everyday communication in Israel. It is primarily for foreign visitors, and covers essential vocabulary and the grammatical structures which are necessary to help you to build greater competence in the language. This will lead to a level of proficiency which will enable you to read the weekly Israeli newspaper especially written for beginners, called *Sha'ar lamatkheel*, with the help of a dictionary.

This Course cannot ecompass the entire Hebrew grammatical system, but once you have mastered the basic principles the rest is not difficult to learn. Some rules of grammar have been simplified or omitted. For example, there are certain rules governing vocalization (the placement of the vowels) which do not affect the spelling, the meaning of the words or their pronunciation: these rules have been left out.

Hebrew is not a difficult language, and its structures are extremely logical. Its logic will allow you to build on basic grammatical principles quite quickly. The major problem is the unfamiliar alphabet, which is read from right to left. You must therefore take time to learn the alphabet and vowels, and not proceed until the sight and sound of the language is well assimilated. Cassette tapes are available for study with this book and it is important to listen to them in order to establish correct pronunciation from the start. If you do not have the cassettes, then you ought to buy them; if you cannot, then you will have to practise saying the words via the transliterations (imitated sounds) until you are sure of the pronunciation. In the first few lessons the sentences and passages given in Hebrew for translation into English have been transliterated in full, as have all answers in Hebrew. In later lessons only new words and some examples are transliterated. By that time you should have a good grasp of the pronunciation.

Each lesson is divided into sections which should be thoroughly mastered before you move on to the next one. There are exercises on the points covered in each section. You should do each exercise in order, and look up the answers in the key at the end of the book only after completing the exercise. Printed Hebrew and handwritten Hebrew employ different forms of the letters, and you are not being taught to write Hebrew script in this Course. However, when you do your exercises you could either write your answers in transliterated form or imitate the printed Hebrew letters. Alternatively, you could record your answers on your own blank tape and check them on playback with the key.

In every lesson there are lists of new words which you should learn as you come to them – you will remember these more easily if you can place them in their context, usually a dialogue or passage in the same lesson. These new words are also found in the mini-dictionary at the back of the book. Some of the dialogues or passages contain a few words with their English translations alongside; these make the piece more interesting or give it continuity, and you need not learn them at once. Although they do not appear in the vocabulary lists, they are included in the mini-dictionary.

ACKNOWLEDGEMENTS

The author would like to thank Ahuvia Kahane, Sue Reed and Orly Benjamin for their help and advice, and particularly Naomi Laredo for her patience and encouragement.

Contents

8

Lesson 1 The Hebrew alphabet

1.1 Reading Hebrew

Hebrew is read from right to left. The alphabet consists of consonants
and vowels. The vowels are generally placed **under** the preceding
consonants, so that where they are used the reading eye moves up and
down. It is as if you were to write the name Beethoven like this:

NVHTB

e o ee

Only three of the vowels appear between consonants as in English.
Although it is easier to learn to read Hebrew using the under-letter
vowels, it is wiser to begin fairly early to read **without** them, since most
modern Hebrew texts and signs are printed and written without them.
However, in our early lessons we shall use them in order to familiarize
you with their use. Throughout the course all new words will be fully
vocalized (that is, printed with the vowels underneath) the first time
they appear in the vocabulary lists. Eventually we shall dispense with
vowels altogether in the exercises and reading passages. If you are
learning Hebrew only in order to study the Bible and the prayerbooks,
you are very fortunate, for those texts always use full vocalization.

In printed Hebrew there is no distinction between capital and small
letters. Handwritten Hebrew (script) is different from printed Hebrew,
and the two forms are never mixed. In this course you will be learning
printed Hebrew, not Hebrew script, but the script alphabet is appended
at the end for your interest.

When you are learning the alphabet, please note the five final letters
which appear **only** at the end of a word.

1.2 Pronouncing Hebrew

To begin with, in order to make sure you pronounce the letters correctly,
a transliteration (imitated sound) will be provided for each word. Later
the transliterations will appear only with new vocabulary lists.

If you use the cassette you will be able to correct your pronunciation more easily. Please note that there is no distinction in the transliteration between the different letters which stand for the Hebrew consonants *kh, s, k, t* and *v.*

Generally the stress is on the last syllable of the word, as in *shalóm* (stressed like English 'shallot'). However, stresses can vary and exceptions will be indicated by the stress sign ˊ.

1.3 The alphabet and transliteration

Remember to read Hebrew from right to left, even when Hebrew words or phrases appear within the English text. Your eye will then move like this:

English	Hebrew	English
───────────▶	◀───────────	───────────▶

(silent: see *Vowels* below)	א
b	בּ
v	ב
g	ג
d	ד
h	ה
v	ו
z	ז
kh (as 'ch' in 'Bach')	ח
t	ט
y	י
k	כּ
kh (as 'ch' in 'Bach')	כ
kh (final form: see *Final letters* below)	ך
l	ל
m	מ
m (final form)	ם
n	נ
n (final form)	ן
s	ס
(silent)	ע
p	פּ
f	פ
f (final form)	ף

ts	צ
ts (final form)	ץ
k	ק
r	ר
sh	שׁ
s	שׂ
t	ת

Final letters

These can only be used at the end of a word.

kh	ך
m	ם
n	ן
f	ף
ts	ץ

Gutturals

Certain consonants are designated as gutturals: א ה ח ע ר
Their importance to vocalization (see below) will be explained in later lessons.

Vowels (vocalization)

a (like the 'u' in 'up')	ַ
a (like the 'u' in 'up')	ָ
i (as in 'pit')	ִ
ai (as in 'say', sometimes closer to 'e' in 'fence')	ֵ
e (as in 'fence')	ֶ
oo (as in 'book'; this vowel appears **between** consonants)	וּ
o (as in 'more'; this vowel appears **between** consonants)	וֹ
(this vowel is silent – see below)	ְ
ee (as in 'beet')	ִי

This is a composite vowel: the ִ appears under the consonant, and the י between consonants.

You will sometimes see the combined vowels ֲ and ֱ usually under guttural letters. The added ְ does not alter the vowels' pronunciation. They are pronounced the same way as without the silent vowel; that is, like the 'u' in 'up' and the 'e' in 'fence'.

Silent letters

A silent letter assumes the sound of the vowel underneath or beside it.

a (like the 'u' in 'up')	אָ
	עָ
e (as in 'fence')	עֶ
	אֶ
o (as in 'more')	אוֹ
oo (as in 'book')	עוּ

When the letter ה *(h)* appears at the end of a word, it is generally silent.

1.4 Examples and points to note

Examples

Here are some Hebrew words with their imitated sounds (transliterations). Read each Hebrew word first, from right to left, and then its English transliteration.

gam	גַּם
ba	בָּא
min	מִן
ner	נֵר
ben	בֶּן
bool	בּוּל
bo	בּוֹא
bakbook	בַּקְבּוּק
Leésa	לִיסָה
akharai	אַחֲרֵי
be'er[illegible]et	בֶּאֱמֶת
bamah	בָּמָה

Points for special attention

Distinguish between the two forms of *s:*

maspeek (as in 'shriek')	מַסְפִּיק
safah	שׂפָה

Distinguish between *sh* and *s:* שׁ, שׂ

shalom	שָׁלוֹם
safah	שָׂפָה

Dots: note the similarity between the *b* and *v*; only a dot distinguishes them:

b'vakashah	בְּבַקָּשָׁה

Now the *k* and *kh:*

kámah	כַּמָּה
kákhah	כָּכָה

Now the *p* and *f:*

panas	פַּנָּס
séfer	סֵפֶר

Note that these distinguishing dots only appear when the letter is at the beginning of a word, and in certain other positions. When a text is printed without vowels, these dots disappear.

Remember what happens with silent letters:

anee	אֲנִי
am	עַם
roeh	רוֹאֶה
aval	אֲבָל

Final letters (you have already encountered these):

étzem (accent on first syllable)	עֶצֶם
hafakh	הָפַךְ
aseemon	אֲסִימוֹן
bakhoots	בַּחוּץ
tseets	צִיץ
noon	נוּן
af	אַף
keeboots	קִיבּוּץ

Sound breaks

In the transliterations you will sometimes see an apostrophe in the transliterated word, like this: *m'od*. This indicates a break in the sound, like a brief stop, indicated in the Hebrew by the vowel ְ . You say the sound of the consonant (*m*, opening your lips to let the air out) and then the rest of the word (*od*). Other words of this kind you will encounter:

Y'rooshaláyim (Jerusalem)	יְרוּשָׁלַיִם
l'at	לְאַט
l'an	לְאָן
b'vakashah	בְּבַקָּשָׁה
hat'oofah	הַתְּעוּפָה

1.5 Familiar and borrowed words

Some familiar words

Khaifah (the city, Haifa; accent on last syllable)	חֵיפָה
Tel-Aviv	תֵל-אָבִיב
Y'rooshaláyim	יְרוּשָׁלַיִם
El-Al	אֶל-עַל
khootzpáh	חוּצְפָּה
barmítzvah	בַּר-מִצְוָה

Some borrowed words

Now let us look at some words derived from other languages. There are certain consonants that are not available in Hebrew, so existing ones have had to be modified. For example, the word 'garage' is pronounced the same way in Hebrew as it is in English. However, there is no soft 'g' sound in Hebrew, so the Hebrew *g* is modified thus: ז` and the word 'garage' looks like this: גָרָז`. Sometimes the 'j' of 'join' is rendered in this way: ג`.

Now read the following words. Most of their meanings are clear, but the stress in Hebrew is not always where you expect it to be:

púncher (puncture: note how the צ has been modified to צ`)	פַּנְצֶ`ר
trémp (slang for hitchhike)	טְרֶמְפּ
svéder (sweater, jumper)	סְוֶדֶר
zhakét (jacket)	זָ`קֶט
télefon (telephone)	טֶלֶפוֹן
dólar (dollar)	דוֹלָר
Koka-Kóla	קוֹקָה-קוֹלָה
John	ג`וֹן
taiatrón (theatre)	תֵיאָטרוֹן
kontzért (concert)	קוֹנְצֶרט
ótoboos (bus)	אוֹטוֹבּוּס
jook (slang for a bug)	ג`וּק

1.6 Reading practice

The following exercises incorporate all the work you have just done. Their main purpose is to enable you to get used to reading the new script and to learn how it sounds.

Before you begin, remember there is absolutely no difference in the pronunciation of letters with the same transliteration, such as the two kinds of *kh, s, k, t* and *v*. Always read the Hebrew **from right to left,** even when examples of words, letters or vowels appear within an English sentence.

Exercise 1

Read the Hebrew word first, and then check your pronunciation with the transliteration (and with the cassette if you are using it). The stress is on the last syllable of the word unless otherwise indicated.

sleekhah (*ee* as in 'beet', *a* as in 'up')	סְלִיחָה
akhshav (*a* as in 'up')	עַכְשָׁו
tov (*o* as in 'more')	טוֹב
matos (distinguish between the first two consonants: they look almost identical)	מָטוֹס
tayar (*a* as in 'up')	תַיָר

Exercise 2

Transliterate the following words. Answers to this and subsequent exercises are given in the **Key to exercises** at the end of the book.

הַר	דֶלֶת	גָר	בַּיִת	אֲבָל
כּוֹבַע	יַעַן	חֵץ	זוּג	וְעֵט
פֵּרַח	עוֹר	נֵם	לָגַם	בָּכְתָה
	רֶשֶׁת	צוּק	קוֹף	שָׂפָה

Exercise 3

The following Hebrew words in transliteration are numbered 1 - 12. Place the number of the word above each of the Hebrew letters and associated vowels that form part of that word. It doesn't matter at this stage if your spelling is not entirely correct and you mix up letters that have the same sound. But all the Hebrew letters below must, in the end, have a number over them. The first word is done for you.

חָ	זָ	וּ	וֹ	הִ	ד	ג	בֵ	אַ
ם	ם	ם	ם	מַ	ל	כּ	י	טַ
צַ	ף	פָ	פָּ	עֶ	עַ	ס	ס	נָ
				1			1	
		תֶ	שָׁ	שׁ	שֵׁ	ר	קַ	ץ

1 *kash*
2 *tá-am*
3 *khaver*
4 *hod*
5 *mazal*
6 *soog*
7 *patsats*
8 *anaf*
9 *shem*
10 *safam*
11 *atem*
12 *kees*

Exercise 4

Read the sentences aloud, checking your pronunciation with the transliterations in the **Key to exercises**. Translations are also given for your interest in the key, but do not attempt to learn the vocabulary yet.

1 אֲנִי תַּיָּר וַאֲנִי מְבַקֵּר בְּיִשְׂרָאֵל עַכְשָׁו.
2 אֲנִי מְדַבֵּר עִבְרִית.
3 בָּאתִי בְּמָטוֹס אֶל-עַל מִנְיוּ-יוֹרְק לְתֵל-אָבִיב.
4 אֲנִי צָרִיךְ לְטַלְפֵּן, אֲבָל אֵין לִי אֲסִימוֹן.
5 תֵּן לִי בְּבַקָּשָׁה בַּקְבּוּק מִיץ תַּפּוּזִים.
6 כַּמָּה עוֹלָה קוֹקָה-קוֹלָה? תּוֹדָה רַבָּה. שָׁלוֹם.

Exercise 5

More reading practice, as for Exercise 4.

1 בְּבַקָּשָׁה, תֵּן לִי אֶת הַטֶּלֶפוֹן.
2 סְלִיחָה, קַח אֶת הַסֵּפֶר.
3 הִיא רָאֲתָה פַּנָּס יָפֶה בָּאוֹטוֹבּוּס.
4 גַּם אֲנִי לֹא גָּר בְּתֵל-אָבִיב.
5 ג'וֹן הוֹלֵךְ לְתֵאַטְרוֹן מָחָר.

Lesson 2

2.1 Gender

In English, inanimate objects have no gender. The pronoun 'it' refers to inanimate things, and personal pronouns ('I, you, she' etc.) refer to people. Often the same pronouns are used for masculine and feminine; for example, 'you', 'they', 'we'. In Hebrew, all nouns are either masculine or feminine; that is, even inanimate objects are masculine or feminine, and most pronouns are either masculine or feminine. There is a word for 'it', but unlike in English, the Hebrew personal pronouns for 'he' and 'she' can be used for inanimate objects as well, and follow the gender of the noun.

2.2 Personal pronouns

Read from right to left. Cover up the transliteration, and read the Hebrew first; then check your pronunciation with the transliteration. Remember that the sound 'a' in the transliterations is pronounced like 'u' in 'up'. The accent unless otherwise marked is on the last syllable.

Singular pronouns

I (m & f)	anee	אֲנִי
you (m)	atah	אַתָּה
you (f)	at	אַתְּ
he	hoo	הוּא
she	hee	הִיא

(The last two cause some confusion, but you'll soon get used to them!)

Plural pronouns

we (m & f)	anákhnoo (note accent on middle syllable)	אֲנַחְנוּ
you (m)	atem	אַתֶּם
you (f)	aten	אַתֶּן
they (m)	hem	הֵם
they (f)	hen	הֵן

Note that 'I' and 'we' are both masculine and feminine.

2.3 The verb 'to be'

There is no verb 'to be' in the present tense in Hebrew. You cannot, therefore, say 'I am' or 'you are' or 'he/she is'. You simply leave out the verb:

I **am** Samuel	אֲנִי שְׁמוּאֵל
I **am** not Samuel	אֲנִי לֹא שְׁמוּאֵל

The word for 'who' is מִי (*mee*), which can also cause confusion:

Who is Sylvia?	*mee Sílveeya?*	מִי סִילְוְיָה?
Who is he?	*mee hoo?*	מִי הוּא?

2.4 The indefinite article

There is no indefinite article ('a', 'an') in Hebrew. The sentence 'I am a tourist' is, therefore, אֲנִי תַּיָּר. You leave out both 'am' and 'a'.

2.5 Prefixes

A few words, such as 'and' and 'from', 'in' and 'to', are not words in Hebrew, but prefixes. This means that they are joined to the beginning of a word. For example, 'and' וְ is tacked on to the next word:

Samuel and Ilana	שְׁמוּאֵל וְאִילָנָה
you and Eric	אַתָּה וְאֶרִיק

'From' מִ is also tacked on to the next word:

I am from New York	אֲנִי מִנְיוּ-יוֹרְק
He is from London	הוּא מִלּוֹנְדוֹן

NOTE: Take care to distinguish between the prefix -מִ ('from') and the pronoun מִי ('who', 'who is?').

VOCABULARY

Learn the following words and phrases, which occur in the exercises below. Read the Hebrew aloud and remember to read it right to left. Check with the transliteration and read the English meaning. Then cover up the transliterations and try to read the words without their help. Finally, when you think you have learned the words, cover up the English and try to say their meanings. (You can use these techniques with every list of vocabulary.)

welcome! (to a man)	*barookh haba*	בָּרוּךְ הַבָּא!
welcome! (to a woman)	*b'rookhah haba'ah*	בְּרוּכָה הַבָּאָה!
how are you? (to a man)	*mah shlomkha*	מַה שְׁלוֹמְךָ?
how are you? (to a woman)	*mah shlomekh*	מַה שְׁלוֹמֵךְ?
who, who is?	*mee*	מִי?
good	*tov*	טוֹב
very	*m'od*	מְאֹד, מְאוֹד
very good	*tov m'od*	טוֹב מְאֹד
thank you	*todah*	תּוֹדָה
everything's fine	*hakol b'séder* (exception: pronounced *o*)	הַכֹּל בְּסֵדֶר
OK, fine	*b'séder*	בְּסֵדֶר
excuse me	*sleekhah*	סְלִיחָה
tourist, a tourist (m)	*tayar*	תַּיָּר
tourist, a tourist (f)	*tayéret*	תַּיֶּרֶת
speak slowly, please	*daber l'at b'vakashah*	דַּבֵּר לְאַט בְּבַקָּשָׁה
no, not	*lo*	לֹא
Hebrew (f)	*ivreet*	עִבְרִית
also	*gam*	גַּם
Verbs		
understand (m singular)	*meveen*	מֵבִין
understand (f singular)	*m'veenah*	מְבִינָה

Exercise 6

Read the following dialogue, referring to your vocabulary list. Read aloud, and check your pronunciation with the transliterations already given with your vocabulary list. Then translate the dialogue into English and compare your translation with the one given in the key at the end of the book. A transliteration of the entire dialogue is also given there.

שְׁמוּאֵל: שָׁלוֹם. אֲנִי שְׁמוּאֵל.
הֶלֶן: שָׁלוֹם. אֲנִי הֶלֶן מִלּוֹנְדוֹן.
שמואל: שָׁלוֹם, הֶלֶן. בְּרוּכָה הַבָּאָה. (to Ilana) מִי אַתְּ?
אִילָנָה: אֲנִי אִילָנָה. מַה שְׁלוֹמֵךְ, הֶלֶן?
הלן: טוֹב מְאֹד, תּוֹדָה. מַה שְׁלוֹמְךָ, שְׁמוּאֵל?
שמואל: הַכֹּל בְּסֵדֶר. סְלִיחָה. מִי הוּא?
הלן: הוּא אֶרִיק. הוּא תַּיָּר.
שמואל: אֶרִיק מִלּוֹנְדוֹן?
הלן: לֹא, אֶרִיק מִנְיוּ-יוֹרְק.

שמואל: שָׁלוֹם אֶרִיק. מַה שְׁלוֹמְךָ?
אריק: (completely bewildered) דַּבֵּר לְאַט בְּבַקָּשָׁה. אֲנִי תַּיָּר. אֲנִי לֹא מִיִּשְׂרָאֵל. אֲנִי לֹא מֵבִין עִבְרִית.
הלן: דַּבֵּר לְאַט בְּבַקָּשָׁה, שְׁמוּאֵל. הוּא מִנְיוּ-יוֹרְק. הוּא תַּיָּר. גַּם אֲנִי תַּיֶּרֶת. גַּם אֲנִי לֹא מְבִינָה עִבְרִית.
שמואל: (לְאַט) אֲנִי שְׁמוּאֵל. הִיא אִילֶנָה. אַתָּה אֶרִיק. בְּסֵדֶר?
אריק: טוֹב מְאֹד. אוֹקֵיי. הַכֹּל בְּסֵדֶר.

Exercise 7

Translate the following sentences into Hebrew. Say each Hebrew sentence aloud, then check your translation with the key. You need not write anything down; in fact it would be preferable to avoid writing any Hebrew, because you have not been taught script.

1 I am [use your own name].
2 You are not [your own name].
3 Who are you?
4 Oh, you are Samuel!
5 Good. He is Eric.
6 He is also a tourist.
7 We are from New York. She, too?
8 She? No, not her: she's from London.
9 How are you, Samuel?
10 Me? I'm fine! How are you, Helen?
11 Speak slowly, please, I'm a tourist.
12 I don't understand Hebrew.

Lesson 3

3.1 The definite article

You have already seen that some English words are prefixes in Hebrew, such as וְ ('and') and מִ ('from'). This is the case with the definite article ('the'), which is the prefix הַ. For example:

הַתַּיָּר	the tourist

The definite article does not change according to the gender of the noun. For example:

הַבָּחוּרָה	the young woman

There is no indefinite article ('a', 'an') in Hebrew, as you have already seen.

3.2 Nouns

Nouns are all either masculine or feminine (see 2.1), but it is often difficult to identify their gender. Most (but not all) feminine nouns end in one of three ways: in ָה as in בָּחוּרָה (a young woman); or in ֶת as in תַּיֶּרֶת (a female tourist); or in ִית as in מוֹנִית (a taxi, a cab).

Some masculine nouns

(Don't forget to read from right to left.)

bus	*ótoboos*	אוֹטוֹבּוּס
hotel	*malon*	מָלוֹן
room	*khéder*	חֶדֶר
street	*r'khov*	רְחוֹב
milk	*khalav*	חָלָב
friend	*khaver*	חָבֵר
tourist	*tayar*	תַּיָּר
young man	*bakhoor*	בָּחוּר
coffee	*kafeh*	קָפֶה
the airport	*s'deh-hat'oofah*	שְׂדֵה-הַתְּעוּפָה
the bathroom	*khadar-ha-ambátyah*	חֲדַר-הָאַמְבַּטְיָה

Some feminine nouns

taxi, cab	*moneet*	מוֹנִית
meal	*arookhah*	אֲרוּחָה
friend	*khavérah*	חֲבֵרָה
tourist	*tayéret*	תַּיֶּרֶת
suitcase	*mizvadah*	מִזְוָדָה
young woman	*bakhoorah*	בָּחוּרָה

3.3 The plural endings of nouns

These generally (but not always) accord with the noun's gender. Masculine nouns usually end in ים. and feminine nouns in וֹת. For example:

friend – friends (m)	*khaver – khaverim*	חָבֵר - חֲבֵרִים
tourist – tourists (m)	*tayar – tayarim*	תַּיָּר - תַּיָּרִים
bus – buses (m)	*ótoboos – ótoboosim*	אוֹטוֹבּוּס - אוֹטוֹבּוּסִים
meal – meals (f)	*arookhah – arookhot*	אֲרוּחָה - אֲרוּחוֹת
friend – friends (f)	*khaverah – khaverot*	חֲבֵרָה - חֲבֵרוֹת
taxi – taxis (f)	*moneet – moneeyot*	מוֹנִית - מוֹנִיּוֹת
tourist – tourists (f)	*tayéret – tayarot*	תַּיֶּרֶת - תַּיָּרוֹת

There are, unfortunately, exceptions. Some masculine nouns do have feminine endings, and vice versa. They will be pointed out as they occur. How do you recognise these instances? You don't. It is something you have to learn and remember. There are also a few totally irregular plural endings, which will also be pointed out as they occur. (Throughout this course, when no plural form of a noun is given in the vocabulary lists, the noun is regular.)

When a plural noun in a sentence stands for things or people of mixed gender, the masculine plural form is always used. For example:

Ilana (f) and Eric (m) are tourists (m pl) אִילָנָה וְאֶרִיק תַּיָּרִים

NOTE: As there is no verb 'to be' in the present tense, therefore no 'is', there can be no plural form, 'are'.

3.4 Prepositions and prefixes

Some prefixes can appear together:

the suitcases **and the** young men הַמִּזְוָדוֹת וְהַבָּחוּרִים

You have already learned that the prefix בְּ means 'in' or 'in a' and the prefix הַ means 'the'. Usually two prefixes can follow each other, as you have seen above, but there are two exceptions to this rule: **you can't have the prepositions לְ ('to', 'to a') or בְּ ('in', 'in a') and the definite article הַ ('the') together.**

'The bread is in the room' would **not** be: הַלֶּחֶם בְּהַחֶדֶר *[halekhem b'hakheder]*. This is not correct. Instead, the בְּ and the הַ are joined together as בַּ. 'The bread is in **the** room' is, therefore, הַלֶּחֶם בַּחֶדֶר *[halekhem bakheder]*. We are not concerned with absolutely correct vocalization throughout this course, but in this case the vocalization affects the pronunciation. So remember (reading from right to left):

in the	בְּ + הַ = בַּ
to the	לְ + הַ = לַ

Pay attention to the differences between 'the' and 'a' or 'an':

The bread is in **the** room	*halekhem bakheder*	הַלֶּחֶם בַּחֶדֶר
The bread is in **a** room	*halekhem b'kheder*	הַלֶּחֶם בְּחֶדֶר

Without vocalization the difference is not clear and you have to rely on the context of the prefix to distinguish between 'in a' (בְּ) and 'in the' (בַּ).

Exercise 8

Read the phrases aloud, making sure you pronounce the prefixes correctly. They are unvocalized. Check with the vocalization in the key.

to the hotel	1 למָלוֹן
to Eric	2 לאֶרִיק
in a room	3 בחֶדֶר
in the bathroom	4 בחֲדַר-הַאַמְבַּטְיָה*
in the coffee	5 בקָפֶה
in a bus	6 באוֹטוֹבּוּס
in Tel-Aviv	7 בתֵל-אָבִיב
to the kibbutz	8 לקִיבּוּץ

NOTE: *When a noun is composed of two nouns, here 'bath' and 'room', the definite article is appended as a prefix to the **second** noun, literally: 'room the bath'.

VOCABULARY

Learn the following words, which occur in Exercise 9. Use the
techniques suggested in Lesson 2.

here is/are	hineh	הִנֵּה
communal taxi (m)	sheroot	שֵׁרוּת
taxi driver (m)	n'hag hasheroot	נֶהַג הַשֵּׁרוּת
where to?	l'an	לְאָן?
to (prefix)	l'	לְ-
please	b'vakashah	בְּבַקָשָׁה
in (prefix)	b'	בְּ-
finally, at last	sof-sof	סוֹף-סוֹף
where, where is/are?	aifoh	אֵיפֹה?
orange juice (m)	meets-tapoozim	מִיץ-תַּפּוּזִים
good appetite!	b'taiavon	בְּתֵאָבוֹן

Exercise 9

Read the following dialogue aloud and translate it. Check your
pronunciation with the transliterations in the vocabulary lists and with
the complete transliteration in the key at the end of the book.

אִילָנָה: הִנֵּה שְׂדֵה-הַתְעוּפָה "בֶּן-גּוּרְיוֹן". הִנֵּה גַם שֵׁרוּת.

נֶהַג הַשֵּׁרוּת: לְאָן?

שְׁמוּאֵל: לְתֵל אָבִיב, בְּבַקָשָׁה. רְחוֹב בֶּן-יְהוּדָה*.

אִילָנָה: אָרִיק, הִנֵּה הַשֵּׁרוּת לְתֵל-אָבִיב.

אָרִיק: שָׁלוֹם! שָׁלוֹם! אֲנִי תַיָּר!

הֶלֶן: הִנֵּה גַם אוֹטוֹבּוּס, וְגַם מוֹנִית.

אָרִיק: לְתֵל-אָבִיב בְּשֵׁרוּת, לֹא בְּאוֹטוֹבּוּס.**

After a while:

שְׁמוּאֵל: הִנֵּה הַמָּלוֹן בִּרְחוֹב בֶּן-יְהוּדָה. אַתֶּם סוֹף-סוֹף בְּתֵל-אָבִיב.

הֶלֶן: טוֹב מְאֹד. אֲנַחְנוּ סוֹף-סוֹף בַּמָּלוֹן. אֵיפֹה הַמִּזְוָדוֹת?

שְׁמוּאֵל: הִנֵּה הַמִּזְוָדוֹת, בַּחֶדֶר. הַכֹּל בְּסֵדֶר?

הֶלֶן: הַכֹּל בְּסֵדֶר. הִנֵּה גַם קָפֶה וְחָלָב. גַם חֶדֶר-הָאַמְבַּטְיָה.

אָרִיק: וְגַם מִיץ-תַּפּוּזִים. הָאֲרוּחָה בַּחֶדֶר, הַחֲבֵרִים בַּחֶדֶר, הַתַּיָּרִים
בַּחֶדֶר ... בְּתֵאָבוֹן, חֲבֵרִים!

הֶלֶן: אָרִיק, דַּבֵּר לְאַט בְּבַקָשָׁה!

NOTES: *The name of the street follows 'street', for example: 'Avenue
Fifth, New York'.

**This could equally well have been:

in **the** communal taxi, not in **the** bus בְּשֵׁרוּת, לֹא בְּאוֹטוֹבּוּס

Exercise 10

A short drill to revise your pronouns. Change the given sentences according to the example.

Example: Sentence given: אֶרִיק תַּיָּר (Eric is a tourist)

Your answer: הוּא תַּיָּר (**He** is a tourist)

1 הֶלֶן תַּיֶּרֶת
2 אֶרִיק וְהֶלֶן חֲבֵרִים
3 אֶרִיק וַאֲנִי בָּחוּרִים
4 אִילָנָה וְאַתָּה בְּתֵל-אָבִיב
5 הַבָּחוּר וְהַקָּפֶה בַּחֶדֶר
6 הֶחָלָב בַּחֶדֶר*

NOTE: *When you use personal pronouns for inanimate objects instead of 'it' (which you have not yet learnt in Hebrew), remember to use the correct gender. You need to use a personal pronoun in this last sentence (6).

Exercise 11

Some questions are asked in the first column (1 - 8). Select the appropriate answer to each from the second column (A - H).

1 אֵיפֹה הָרְחוֹב?
2 מִי הַתַּיֶּרֶת?
3 אֵיפֹה הַשֵּׁרוּת?
4 מִי הַבָּחוּרִים?
5 אֵיפֹה הַמִּזְוָדוֹת?
6 אֵיפֹה הֶחָלָב?
7 מִי אַתָּה?
8 הַמָּלוֹן בְּתֵל-אָבִיב?

A הַמִּזְוָדוֹת בַּחֶדֶר.
B שְׁמוּאֵל וְאֶרִיק הַבָּחוּרִים.
C לֹא. הַמָּלוֹן בִּירוּשָׁלַיִם.
D הֶלֶן הַתַּיֶּרֶת.
E הַשֵּׁרוּת בִּשְׂדֵה-הַתְּעוּפָה.
F אֲנִי אֶרִיק.
G הָרְחוֹב בְּתֵל-אָבִיב.
H הֶחָלָב בַּקָּפֶה.

Exercise 12

Translate into Hebrew:

I am Eric and I am a tourist in Tel Aviv. Helen is also a tourist and we are friends. I am from New York and she is from London. We are in the hotel at [in] the airport. Bon appétit! The meal is in the room: coffee, milk and orange juice. Everything is not fine. The suitcases are not in the room. They are not in the bathroom. They are in Guatemala (גוּאָטֶמָלָה).

Lesson 4

4.1 Verbs

All Hebrew verbs are constructed from a root consisting of three (occasionally four) radicals or root-letters. These are usually consonants and can include guttural and silent letters. There are three tenses: present, past and future. The different tenses are created by means of the vocalization of these root-letters (i.e. by the insertion of vowels), and often by the addition of prefixes and suffixes to them. For example, the past tense is indicated by suffixes added to the root-letters, and the future tense by both prefixes and suffixes. These patterns will be introduced gradually over the rest of the course.

4.2 The present tense

Verbs are constructed in the present tense in a variety of ways, but for the moment we will concentrate on two groups of verbs, one in which the root does not take a prefix and one in which it does. (Unfortunately there is no way of telling which group a verb belongs to, so you have to learn this along with the verb. In this course, we give each verb group a number; this numbering is purely for convenience and will help you to find verb groups in the list at the back of the book.)

In English the present tense has two or three forms; for example, 'go' and 'goes' or 'am', 'are', 'is'. In Hebrew there are **four** forms of the verb in the present tense: masculine singular (I, you he); feminine singular (I, you, she); masculine plural (we, you, they); feminine plural (we, you, they). There is no separate form in Hebrew equivalent to the English continuous tense, 'I am going', 'you are going', etc.

1 Our example of a regular present tense construction is the verb 'go', 'walk', constructed from the three root-letters ך ,ל ,ה to give us the root הלך. Roots are never vocalized. This root does not take a prefix in the present tense, but the vowel ו appears between the first and second root-letters, and then the masculine and feminine singular and plural endings are added. Please note that the personal pronouns (see 2.2) are unvocalized throughout this lesson.

Masculine singular:

I go/walk (am going/walking)	*anee holekh*	אני הולֵךְ
you go/walk (are going/walking)	*atah holekh*	אתה הולֵךְ
he goes/walks (is going/walking)	*hoo holekh*	הוא הולֵךְ

Feminine singular:

I go/walk (am going/walking)	*anee holékhet*	אני הולֶכֶת
you go/walk (are going/walking)	*at holékhet*	את הולֶכֶת
she goes/walks (is going/walking)	*hee holékhet*	היא הולֶכֶת

Masculine plural:

we go/walk (are going/walking)	*anákhnoo holkhim*	אנחנו הולְכִים
you go (etc.)	*atem holkhim*	אתם הולְכִים
they go (etc.)	*hem holkhim*	הם הולְכִים

Feminine plural:

we go/walk (are going/walking)	*anákhnoo holkhot*	אנחנו הולְכוֹת
you go (etc.)	*aten holkhot*	אתן הולְכוֹת
they go (etc.)	*hen holkhot*	הן הולְכוֹת

Examples:

I (m) am going to the hotel	אני הולֵךְ לַמָלוֹן
She is walking to the hotel	היא הולֶכֶת לַמָלוֹן
She is going to a hotel	היא הולֶכֶת לְמלוֹן

Other verbs constructed this way in the present tense (roots only):

eat	אכל
stand	עמד
go down, descend	ירד

2 Our second example of a regular verb is דבר 'speak'. This verb, called a *pi'el* verb, is vocalized somewhat differently. In the *pi'el* group there is a prefix מְ before the root in the present tense:

m sing: I speak, you speak, he speaks	*m'daber*	אני, אתה, הוא מְדַבֵּר
f sing: I speak, you speak, she speaks	*m'dabéret*	אני, את, היא מְדַבֶּרֶת
m pl: we, you, they speak	*m'dabrim*	אנחנו, אתם, הם מְדַבְּרִים
f pl: we, you, they speak	*m'dabrot*	אנחנו, אתן, הן מְדַבְּרוֹת

Examples:

You (m) speak Hebrew	אתה מְדַבֵּר עִבְרִית
We (m) speak Hebrew	אנחנו מְדַבְּרִים עִבְרִית
I (f) don't speak Hebrew	אני לֹא מְדַבֶּרֶת עִבְרִית

Other verbs constructed this way (root and masculine singular):

pay	שלם (מְשַׁלֵּם)
ask for, request	בקש (מְבַקֵּשׁ)

4.3 Infinitives

The infinitive is the verb preceded by 'to'; for example, 'to go', 'to speak'. In Hebrew the preposition 'to' is, as you know, a prefix: לְ. It is unfortunately impossible to give a rule for forming infinitives in Hebrew, because they differ greatly from each other. In English all one does is add 'to' to the verb, but in Hebrew the grammatical rules governing their construction and vocalization are too complicated for your present needs. The only thing to do is to learn the infinitive of each new verb. As you will see in later lessons, the infinitives have many uses, so it is as well to learn them as early as possible.

Here is a list of infinitives for the verbs you have just learned. As you can see, the infinitives for the *pi'el* form have little variation. The root is given, followed by the infinitive, which is transliterated. (Read from right to left: root, infinitive.)

to go	*lalekhet*	הלך: לָלֶכֶת
to eat	*le'ekhol*	אכל: לֶאֱכוֹל
to stand	*la'amod*	עמד: לַעֲמוֹד
to go down	*larédet*	ירד: לָרֶדֶת
to speak	*l'daber*	דבר: לְדַבֵּר
to pay	*l'shalem*	שלם: לְשַׁלֵּם
to ask for	*l'vakesh*	בקש: לְבַקֵּשׁ

Exercise 13

This is a simple drill: change the verb to its correct form in each sentence according to the pronouns you are given. Do this exercise aloud.

1 אילנה הולֶכֶת	הוא - אֲנַחְנוּ - הֵם
2 הַתַּיָּר אוֹכֵל	הִיא - אֲנִי - הֵן
3 אֶרִיק מְדַבֵּר עִבְרִית	אני - אתם - היא
4 הוא מְבַקֵּשׁ יַיִן (wine)	אנחנו - אַתָּה - אַתְּ

VOCABULARY

Learn these words, which occur in Exercise 14.

rarely, seldom	*l'itim r'khokot*	לְעִתִּים רְחוֹקוֹת
breakfast (f)	*arookhat bóker*	אֲרוּחַת בּוֹקֶר
sometimes	*lif'amim*	לִפְעָמִים
sea (m)	*yam*	יָם
now	*akhshav*	עַכְשָׁו
today	*hayom*	הַיּוֹם
beside, next to	*al yad*	עַל יַד
ticket office (f)	*koopah, koopat hakarteesim*	קוּפָּה, קוּפַּת הַכַּרְטִיסִים
often, frequently	*l'itim krovot*	לְעִתִּים קְרוֹבוֹת
museum (m)	*moozaion*	מוּזֵאוֹן
always	*tameed*	תָּמִיד
a glass (f)	*kos*	כּוֹס

Exercise 14

These sentences have been divided in half and the second halves are given in the second column (A – F) in a different order. Match the beginnings and ends of the sentences, then translate them.

1	לְעִתִּים רְחוֹקוֹת אוֹכֵל אֶרִיק . . . *	A	עַל יַד הַקּוּפָּה
2	לִפְעָמִים אִילָנָה וְהֶלֶן יוֹרְדוֹת . . .	B	כּוֹס יַיִן
3	עַכְשָׁו אני מְדַבֶּרֶת . . .	C	לַיָּם
4	הַיּוֹם אנחנו עוֹמְדִים . . .	D	אֲרוּחַת בּוֹקֶר
5	לְעִתִּים קְרוֹבוֹת אתם הוֹלְכִים . . .	E	לְמוּזֵאוֹן
6	אתה תָּמִיד מְבַקֵּשׁ . . .	F	עִבְרִית

NOTE: * When a noun or a proper noun (name) follows an indicator of time, such as 'sometimes', 'always' and so on, the order of the noun and the verb can be reversed. This is a matter of style.

VOCABULARY

Learn these words, which occur in Exercises 15 and 18.

good morning	*bóker tov*	בּוֹקֶר טוֹב
a little	*m'at*	מְעַט

queue (m)	*tor*	תּוֹר
ticket (m)	*kartees*	כַּרְטִיס
even	*afeéloo*	אֲפִילוּ
what fun! (slang)	*áizeh kaif*	אֵיזֶה כֵּף!
because	*kee*	כִּי

Exercise 15

Read and translate the dialogue. In addition to the personal pronouns, the people's names have been left unvocalized.

אילנה: בּוֹקֶר טוֹב, אריק, מַה שְׁלוֹמְךָ?
אריק: בּוֹקֶר טוֹב, אילנה. הַכֹּל בְּסֵדֶר. לְאָן אנחנו הוֹלְכִים הַיּוֹם?
אילנה: אנחנו הוֹלְכִים לַמּוּזֵאוֹן. אתה אוֹכֵל אֲרוּחַת בּוֹקֶר בַּחֶדֶר?
אריק: תּוֹדָה. עַכְשָׁו אני מְבַקֵּשׁ מְעַט קָפֶה וְמִיץ [וּמִיץ] תַּפּוּזִים.*
אילנה: הִנֵּה כּוֹס מִיץ. שָׁלוֹם, שמואל וְהלן! אתם גַּם הוֹלְכִים לַמּוּזֵאוֹן?
שמואל: לֹא הַיּוֹם, אילנה. אנחנו יוֹרְדִים לַיָּם.
הלן: אֵיפֹה הַמּוּזֵאוֹן?
אילנה: בִּרְחוֹב הַיַּרְקוֹן. אנחנו עוֹמְדִים בַּתּוֹר עַל יַד הַקּוּפָּה, אנחנו מְבַקְשִׁים כַּרְטִיסִים, וְאנחנו מְשַׁלְּמִים. לִפְעָמִים אנחנו גַּם אוֹכְלִים וַאֲפִילוּ מְבַקְשִׁים כּוֹס יַיִן.
הלן: אֵיזֶה כֵּף! אנחנו לֹא יוֹרְדִים לַיָּם, שמואל, אנחנו גַּם הוֹלְכִים לַמּוּזֵאוֹן.
שמואל: (with a sigh) אוֹקֵיי. אנחנו הוֹלְכִים לַמּוּזֵאוֹן. אנחנו תָּמִיד הוֹלְכִים לַמּוּזֵאוֹן.

NOTE: *It is more correct and also more elegant to change the וְ (when it is the prefix meaning 'and') to וּ before the letter מ. The meaning does not change with the change of vocalization.

4.4 Asking questions

You have already learned some question words (known as interrogatives): 'where?' 'where to?' 'who?' There is no particular interrogative form in Hebrew, as there is in English (for example, '**Do you** like Tel Aviv?'). In Hebrew you keep the word order of the ordinary sentence, but add a question mark at the end. The question will therefore be asked by the inflection of your voice. For example, אַתֶּם יוֹרְדִים לַיָּם is a simple sentence: 'You are going down to the sea.' But אתם יוֹרְדִים לַיָּם? is the question 'Are you going down to the sea?' When a question word is used, it is simply added to the beginning of the sentence:

אֵיךְ מְדַבֵּר אֶרִיק?
or: אֵיךְ אֶרִיק מְדַבֵּר?

Note that the order of noun and verb can be reversed.

Here is a list of question words:

who?	*mee*	מִי?
where?	*aífoh*	אֵיפֹה?
where to?	*l'an*	לְאַן?
what?	*mah*	מַה
how much, how many?	*kámah*	כַּמָּה?
when?	*matay (as in 'sigh')*	מָתַי?
how?	*aíkh*	אֵיךְ?
which?	*aízeh, aízoh*	אֵיזֶה (m), אֵיזוֹ (f) ?
why?	*lámah*	לָמָּה?

Exercise 16

You are given a sentence in Hebrew. Using question words, ask questions which the sentence will answer. Use as many of the above words as you can.

הַיּוֹם הַתַּיָּרִים הוֹלְכִים לַמּוּזֵאוֹן בְּתֵל-אָבִיב וְעוֹמְדִים בַּתּוֹר עַל יַד הַקּוּפָּה.

Exercise 17

Translate the following sentences into Hebrew. (Square brackets indicate literal translations.) Say your sentences aloud in Hebrew and check with the key. If you have a tape recorder and can record your sentences, so much the better.

1 Eric asks, in Hebrew, for coffee in the room.
2 Ilana often eats a meal, and bread.
3 They are walking to the bus, not to a taxi.
4 I (f) sometimes speak Hebrew. Do you, John, speak Hebrew?
5 I (m) want [ask for] a glass of wine and he wants [asks for] a glass of orange juice.
6 Friends, where [to] are you going? We're not going down to the sea now.
7 Are they going to a concert today?
8 Good morning, Helen. How are you today?
9 Finally I'm standing in the queue at [next to] the ticket office.

10 She's a tourist and she always walks to the museum.
11 He asks for a little orange juice.
12 Do you understand Hebrew, Helen?

Exercise 18

Answer each question (1 - 8) with the appropriate response (A - H).

1 מִי אֶרִיק?
2 מַה אתם מְבַקְשִׁים עַכְשָׁו?
3 לְאַן הוֹלֶכֶת אִילָנָה?
4 מַה אתה אוֹכֵל?
5 אֵיךְ אֶרִיק מְדַבֵּר?
6 מַה מְדַבְּרִים הַחֲבֵרִים?
7 לָמָה הֵם יוֹרְדִים לַיָּם?
8 אֵיפֹה אַתֶּם אוֹכְלִים?

A אני אוֹכֵל לֶחֶם.
B כִּי הֵם לֹא הוֹלְכִים לַמּוּזֵאוֹן.
C אֶרִיק תַּיָּר.
D הַחֲבֵרִים מְדַבְּרִים עִבְרִית.
E אנחנו אוֹכְלִים בַּמָּלוֹן.
F אִילָנָה הוֹלֶכֶת לְקוֹנְצֶרְט.
G אנחנו מְבַקְשִׁים כַּרְטִיסִים.
H אֶרִיק תָּמִיד מְדַבֵּר לְאַט.

Lesson 5

5.1 The adjective

The adjective in Hebrew must conform in every way to the noun it describes. That means that it will be either masculine or feminine, singular or plural, according to the gender and number of the noun (see 3.2). In Hebrew the adjective always **follows** the noun it refers to. In English you say 'a large room'; in Hebrew we say 'a room large': חֶדֶר גָּדוֹל (large/big = גָּדוֹל)

A few adjectives

The four forms of the adjective are given in the following order, reading from right to left: masculine and feminine singular; masculine and feminine plural. You will notice that their endings follow a regular pattern.

large
gadol, g'dolah, g'dolim, g'dolot גָּדוֹל, גְּדוֹלָה, גְּדוֹלִים, גְּדוֹלוֹת

beautiful
yafeh, yafah, yafim, yafot יָפֶה, יָפָה, יָפִים, יָפוֹת

good
tov, tovah, tovim, tovot טוֹב, טוֹבָה, טוֹבִים, טוֹבוֹת

expensive, dear (beloved)
yakar, y'karah, y'karim, y'karot יָקָר, יְקָרָה, יְקָרִים, יְקָרוֹת

hot
kham, khamah, khamim, khamot חָם, חָמָּה, חָמִּים, חָמּוֹת

cold
kar, karah, karim, karot קַר, קָרָה, קָרִים, קָרוֹת

small
katan, k'tanah, k'tanim, k'tanot קָטָן, קְטַנָּה, קְטַנִּים, קְטַנּוֹת

bad
ra, ra'ah, ra'im, ra'ot רַע, רָעָה, רָעִים, רָעוֹת

far, distant
rakhok, r'khokah, r'khokim, r'khokot רָחוֹק, רְחוֹקָה, רְחוֹקִים, רְחוֹקוֹת

near
karov, k'rovah, k'rovim, k'rovot קָרוֹב, קְרוֹבָה, קְרוֹבִים, קְרוֹבוֹת

nice, pleasant	
nekhmad, nekhmadah,	נֶחְמָד, נֶחְמָדָה,
nekhmadim, nekhmadot	נֶחְמָדִים, נֶחְמָדוֹת
new	
khadash, khadashah, khadashim, khadashot	חָדָשׁ, חֲדָשָׁה, חֲדָשִׁים, חֲדָשׁוֹת
old (only for things, not people)	
yashan, y'shanah, y'shanim, y'shanot	יָשָׁן, יְשָׁנָה, יְשָׁנִים, יְשָׁנוֹת

Examples:

a large room	חֶדֶר גָּדוֹל
a small meal	אֲרוּחָה קְטַנָּה
expensive tickets	כַּרְטִיסִים יְקָרִים
good friends (f)	חֲבֵרוֹת טוֹבוֹת
I walk to a distant sea	אֲנִי הוֹלֵךְ לְיָם רָחוֹק
a hot breakfast	אֲרוּחַת בּוֹקֶר חָמָה
a good day	יוֹם טוֹב*

NOTE: * You may have heard the expression referring to holy days on the Jewish calendar: *yomtov* or even *yontiff*. These are renditions of the Hebrew for 'a good day'.

5.2 Adjectives with definite article

Because the adjective must conform, or agree, with the noun in every way, when the definite article ('the', הַ) is used before the noun, it must be used before the adjective as well. Let us look again at the above phrases, but this time with the definite article:

the large room	הַחֶדֶר הַגָּדוֹל
the small meal	הָאֲרוּחָה הַקְּטַנָּה
the expensive tickets	הַכַּרְטִיסִים הַיְקָרִים
the good friends	הַחֲבֵרוֹת הַטּוֹבוֹת
I walk to the distant sea	אֲנִי הוֹלֵךְ לַיָּם הָרָחוֹק**
the hot breakfast	אֲרוּחַת הַבּוֹקֶר הַחָמָה

NOTE: *Remember that in this sentence the לְ and the הַ have been combined: 'to the' is לַ (see 3.4).

Note the difference between the following:

the large room	הַחֶדֶר הַגָּדוֹל
The room **is** large	הַחֶדֶר גָּדוֹל
the good friends	הַחֲבֵרִים הַטּוֹבִים
The friends **are** good	הַחֲבֵרִים טוֹבִים
the distant sea	הַיָּם הָרָחוֹק

The sea **is** distant	הַיָּם רָחוֹק
the nice tourists	הַתַּיָּרִים הַנֶּחְמָדִים
The tourists **are** nice	הַתַּיָּרִים נֶחְמָדִים

Exercise 19

Translate the following phrases and sentences:

1 We are eating an expensive meal.
2 The nice tourists are in Israel.
3 The sea is beautiful today.
4 Good friends are standing in a queue.
5 The meals are cold.
6 The buses are big.
7 The beloved girls go down to the sea.
8 A hot day
9 Even the bread is expensive.
10 The cold sea
11 The coffee in the old hotel is hot.
12 The hotel is far from the new museum.

5.3 Another verb group

You have already learned two of the common verb groups in the present tense (see 4.2). Here is a third: the group of verbs like ראה ('see'). The last root-letter of this kind of verb is always ה. Since it appears at the end of the word, it is silent.

Present tense

m sing: I see, you see, he sees	*ro'eh*	אני, אתה, הוא רוֹאֶה
f sing: I see, you see, she sees	*ro'ah*	אני, את, היא רוֹאָה
m pl: we see, you see, they see	*ro'im*	אנחנו, אתם, הם רוֹאִים
f pl: we see, you see, they see	*ro'ot*	אנחנו, אתן, הן רוֹאוֹת
Infinitive: to see	*lir'ot*	לִרְאוֹת

Other verbs whose present tense is constructed in the same way are the following (the three letters of the root are given, followed by the infinitive, which is transliterated):

to buy	*liknot*	קנה: לִקְנוֹת
to want	*lirtsot*	רצה: לִרְצוֹת

to drink	*lishtot*	שתה: לִשְׁתּוֹת
to turn	*lifnot*	פנה: לִפְנוֹת
to do	*la'asot*	עשה: לַעֲשׂוֹת

Examples (note that the vocalization of the personal pronouns and names has been left out):

We are drinking wine	אנחנו שׁוֹתִים יַיִן
Samuel wants to see a friend	שמואל רוֹצֶה לִרְאוֹת* חָבֵר
She is drinking cold wine	היא שׁוֹתָה יַיִן קַר
Eric and I buy a map	אריק ואני קוֹנִים מַפָּה
Ilana and Helen want to eat a good meal	אילנה וְהלן רוֹצוֹת לֶאֱכוֹל* אֲרוּחָה טוֹבָה

*Note the use of the infinitive, exactly as in English.

5.4 The particle אֶת *et*

Some of the above new verbs are 'transitive'. This means that they take a direct object. A direct object answers the question 'what' of the verb. In the following sentence the verb is transitive and the object ('building') is direct: 'Eric sees a building.' In this sentence 'building' is a direct object because it answers the question 'What does Eric see?'

In Hebrew there is a troublesome little word אֶת which has no equivalent in English. אֶת appears before **any direct object which is also definite**. In 'Eric sees **a** building' the object is direct but it is not definite, because it is not preceded by the definite article, 'the'. In the following sentence the object ('building') is direct and it is also definite, because it is preceded by 'the': 'Eric sees **the** building.'

Here are a few sentences which have a direct, definite object:

Eric sees the hotel	אריק רוֹאֶה אֶת הַמָּלוֹן
The tourist buys the map	הַתַּיָּר קוֹנֶה אֶת הַמַּפָּה
They drink the wine	הם שׁוֹתִים אֶת הַיַּיִן

Let's complicate it a little more:

Eric sees the large hotel	אריק רוֹאֶה אֶת הַמָּלוֹן הַגָּדוֹל
The tourist buys the good map	הַתַּיָּר קוֹנֶה אֶת הַמַּפָּה הַטּוֹבָה
They drink the cold juice	הם שׁוֹתִים אֶת הַמִּיץ הַקַּר

VOCABULARY

yes	*ken*	כֵּן
shop (f)	*khanoot*	חֲנוּת
how much does it (m & f)/ do they (m & f) cost?	*kámah oleh,* etc.	כַּמָּה עוֹלֶה, עוֹלָה, עוֹלִים, עוֹלוֹת
much, many (m & f; precedes the verb)	*harbeh*	הַרְבֵּה
this/it is (m)	*zeh*	זֶה
this/it is (f)	*zot*	זֹאת
city (f)	*eer*	עִיר
left	*smol, smóla*	שְׂמֹאל, שְׂמֹאלָה
right	*yameen, y'méena*	יָמִין, יָמִינָה
there is/are	*yaish*	יֵשׁ
or	*o* (as in 'boy')	אוֹ
building	*binyan*	בִּנְיָן
tea (m)	*teh*	תֵּה
toilet(s) (m)	*sherootim*	שֵׁרוּתִים
newspaper (m)	*eeton*	עִיתּוֹן
beer (f)	*béerah*	בִּירָה

NOTE: You now know the names of three drinks derived from English: tea, coffee and beer: תֵּה, קָפֶה, בִּירָה.

Exercise 20

Change the following sentences, to make the objects definite. Use אֶת and the definite article before the object. Remember that the adjective must conform to the noun in every way.

Example: You are given: אֲנִי אוֹכֵל אֲרוּחָה טוֹבָה.

You change it to: אֲנִי אוֹכֵל אֶת הַאֲרוּחָה הַטּוֹבָה.

1 אילנה קוֹנָה כַּרְטִיסִים יְקָרִים.
2 אריק מְבַקֵּשׁ חֶדֶר גָּדוֹל.
3 הַבָּחוּרִים רוֹצִים לִקְנוֹת עִיתּוֹן בַּחֲנוּת.
4 אנחנו רוֹאִים עִיר יָפָה, יְרוּשָׁלַיִם.
5 שמואל שׁוֹתֶה מִיץ קַר.
6 הַבָּחוּרוֹת מְבַקְשׁוֹת תֵּה חָם.
7 אני אוֹכֵל אֲרוּחָה טוֹבָה.

Exercise 21

Change each adjective to its opposite and then translate the sentences:

1 הַקָּפֶה בַּמָּלוֹן רַע מְאֹד.
2 תֵּל-אָבִיב קְרוֹבָה לִירוּשָׁלַיִם.*
3 הַיּוֹם חָם ואנחנו יוֹרְדִים לַיָּם.
4 הַחֲנוּת הַזֹּאת גְּדוֹלָה.
5 זֶה עִתּוֹן חָדָשׁ.

*Be careful: there are two changes in this sentence.

Exercise 22

The following dialogue will be given to you twice: the first time fully vocalized, except for the names you know well, and the second time unvocalized, except for the new place names and any letter or word that may be ambiguous. Read and translate the vocalized version, then read it unvocalized and familiarize yourself with the words so that you can recognise them in future lessons.

Vocalized:

אילנה: בּוֹקֶר טוֹב, חֲבֵרִים! יוֹם יָפֶה הַיּוֹם! הַיּוֹם אֲנַחְנוּ הוֹלְכִים לִקְנוֹת* מַפּוֹת.
אריק: אֵיפֹה קוֹנִים מַפּוֹת?**
אילנה: קוֹנִים אֶת הַמַּפּוֹת בְּחֲנוּת אוֹ בְּמָלוֹן בָּעִיר. אַתָּה רוֹצֶה לִרְאוֹת* אֶת הָעִיר?
אריק: כֵּן, אֲנִי מְאֹד רוֹצֶה.
שמואל: בְּאֵיזֶה רְחוֹב בָּעִיר?
אילנה: בִּרְחוֹב דִיזֶנְגוֹף. אַתָּה פּוֹנֶה שְׂמֹאלָה מֵהַמָּלוֹן, וְיָמִינָה לְדִיזֶנְגוֹף.

A little later, in the shop:

חֶנְוָנִית (shop-assistant): בּוֹקֶר טוֹב. בְּבַקָּשָׁה. מַה אַתֶּם רוֹצִים?
אילנה: אֲנַחְנוּ רוֹצִים לִקְנוֹת* מַפָּה טוֹבָה. הַיּוֹם אֲנַחְנוּ בִּירוּשָׁלַיִם.
חֶנְוָנִית: הֵם תַּיָּרִים?
אילנה: אריק וְהֶלֶן תַּיָּרִים, שמואל לֹא.
חֶנְוָנִית: בְּסֵדֶר. יְרוּשָׁלַיִם עִיר יָפָה מְאֹד. יֵשׁ מַפּוֹת גְּדוֹלוֹת וּקְטַנּוֹת. זֹאת מַפָּה טוֹבָה.
שמואל: כַּמָּה עוֹלָה הַמַּפָּה הַזֹּאת?***
חֶנְוָנִית: הִיא לֹא יְקָרָה.**** לְאָן אַתֶּם הוֹלְכִים בִּירוּשָׁלַיִם?

אילנה: אֲנַחְנוּ רוֹצִים לִרְאוֹת* אֶת הַכּוֹתֶל הַמַּעֲרָבִי
(Western Wall), הַר הַצּוֹפִים (Mount Scopus),
הָאוּנִיבֶרְסִיטָה (The Hebrew University)
וְהָעִיר הָעַתִּיקָה (the old City).
חֶנְוָנִית: יֵשׁ גַּם תֵּאַטְרוֹן בִּירוּשָׁלַיִם.
הלן: כֵּן. וְגַם מוּזֵאוֹן.
אריק: אֲנִי לֹא רוֹצֶה לִרְאוֹת* אֶת הַמּוּזֵאוֹן בִּירוּשָׁלַיִם.
אילנה: לָמָּה לֹא, אריק?
אריק: כִּי יֵשׁ מוּזֵאוֹנִים בְּתֵל-אָבִיב. יֵשׁ מוּזֵאוֹנִים בְּנְיוּ-
יוֹרְק. יֵשׁ מוּזֵאוֹנִים בְּלוֹנְדוֹן. יֵשׁ . . .
שמואל: אוֹקֵיי, אריק, אֲנַחְנוּ לֹא הוֹלְכִים לְמוּזֵאוֹן!
(לְחֶנְוָנִית:) כַּמָּה עוֹלָה הַמַּפָּה הַזֹּאת?
חֶנְוָנִית: לָמָּה? הַחֶבְרָה קוֹנָה אֶת הַמַּפָּה, לֹא אַתָּה.
שמואל: הִיא קוֹנָה - אֲנִי מְשַׁלֵּם.

NOTES: *Note the use of the infinitive.

Eric asks: ?אֵיפֹה קוֹנִים מַפּוֹת and Ilana replies: . . . קוֹנִים אֶת הַמַּפּוֹת בְּחָנוּת There is no impersonal pronoun in Hebrew, such as 'one' or 'you' in English, or 'on' in French. When you are not using a specific pronoun in a sentence, you use the masculine plural pronoun and verb to give the meaning 'where does **one buy a map?' or '**we** buy maps in the shop'.

***Note that זֹאת is used here as an adjective.

****Note the use of the personal pronoun to express 'it'. The word for 'it' (זֹאת) could also be used.

Unvocalized:

אילנה: בוקר טוב, חברים! יום יפה היום! היום אנחנו הולכים לקנות מפות.
אריק: איפה קונים מפות?
אילנה: קונים את המפות בחנות או במלון בעיר. אתה רוצה לראות את העיר?
אריק: כן, אני מאד רוצה.
שמואל: באיזה רחוב בעיר?
אילנה: ברחוב דִיזֶנגוֹף. אתה פונה שְׂמֹאלָה מהמלון, וְיָמִינָה לְדִיזֶנגוֹף.

A little later, in the shop:

חֶנְוָנִית (shop-assistant): בקר טוב. בבקשה. מה אתם רוצים?
אילנה: אנחנו רוצים לקנות מפה טובה. היום אנחנו בירושלים.
החנונית: הם תירים?
אילנה: אריק והלן תירים, שמואל לא.

החנונית: בסדר. ירושלים עיר יָפָה מאד. יש מפות גדולות וקטנות. זאת מפה טובה.
שמואל: כמה עולה המפה הזאת?
חנונית: היא לא יקרה. לאן אתם הולכים בירושלים?
אילנה: אנחנו רוצים לראות אֶת הַכּוֹתֶל הַמַּעֲרָבִי (Western Wall), הַר הַצּוֹפִים (Mount Scopus), הָאוּנִיבֶרְסִיטָה (the Hebrew University) והעיר הָעַתִּיקָה (the Old City).
החנונית: יש גם תאטְרון בירושלים.
הלן: כן. וגם מוזאון.
אריק: אני לא רוצה לראות את המוזאון בירושלים.
אילנה: למה לא, אריק?
אריק: כי יש מוזאונים בתל-אביב. יש מוזאונים בניו-יורק. יש מוזאונים בלונדון. יש . . .
שמואל: אוקיי, אריק, אנחנו לא הולכים למוזאון! (לַחֶנְוָנִית:) כמה עולה המפה הזאת?
חנונית: לָמָּה? החברה קונה את המפה, לא אתה.
שמואל: היא קונה - אני משלם.

Exercise 23

Complete the questions and then answer them according to the example.
Example: You are given: אֵיפֹה הוּא — ? (עמד, הרחוב)
You change this to: אֵיפֹה הוּא עוֹמֵד? הוּא עוֹמֵד בָּרְחוֹב.

1 לְאָן אנחנו — הַיּוֹם? (הלך, התֵאַטְרוֹן)
2 מַה הִיא — ? (ראה ,הַחֲנוּת)
3 מַה הֵם — ? (מבקש, יַיִן קַר)
4 מַה הוּא — ? (קנה, בִּנְיָן בָּעִיר)
5 מַה הוּא — ? (מדבר, עִבְרִית)
6 מַה אֲנִי — ? (רצה, תֵּה חַם)
7 מַה הֵם — ? (אכל, הָאֲרוּחָה הַטּוֹבָה)

Exercise 24

Translate the following dialogue. The words in square brackets [] indicate literal translation, those in round brackets () words to be omitted in Hebrew.

Samuel: We are standing next to the University. What do you see, Eric?

Eric: This is a beautiful building.

Ilana: There are beautiful buildings in Jerusalem. Do you want to see the Western Wall?

Helen: Yes. I want to go down to the Old City. I also want to drink a glass (of) cold orange juice.

Eric: Why?

Helen: Because it's very hot today.

Samuel: This is a good shop. *(to the shopkeeper)* I would like [want] to buy (some) orange juice, please. And a newspaper. And you (pl)?

Helen: I'd like [I ask for] cold wine, please.

Eric: I'd like [I ask for] (some) beer. Is there good beer in Jerusalem?

Samuel: Very good. Do you want to pay, Helen?

Helen: Yes, I'm paying. Excuse me, where are the toilets?

Shopkeeper: You turn left, there is a hotel and the toilets are in the hotel. It's not far.

Helen and Ilana: At last!

Revision lesson

You have completed a third of the course, and this is a good point at which to pause and consolidate what you have learned before continuing. This revision lesson consists of a passage to be read in Hebrew, on which are based a series of exercises revising structures and vocabulary you have met. The passage is printed twice, first without vocalization and then vocalized. First read the passage without vocalization (sometimes colloquially called 'dots' or 'pointing'). Read it sentence by sentence, checking your pronunciation against the fully vocalized version that follows. Then try to do the exercises using the **unvocalized** version of the passage.

Unvocalized:

2 1
הרבה תירים הולכים ברחוב בתל-אביב. הם פונים שמאלה ורואים את
6 5 4 3
החנות הגדולה. יש אוטובוסים ומוניות ברחוב ויש גם מלון יפה. במלון
9 8 7
הם עומדים בתור, קונים כרטיסים ואוכלים ארוחת בוקר. סוף-סוף הם
10
רוצים לשלם ולרדת לים.

Vocalized:

2 1
הַרְבֵּה תַּיָּרִים הוֹלְכִים בָּרְחוֹב בְּתֵל-אָבִיב. הֵם פּוֹנִים שְׂמֹאלָה וְרוֹאִים אֶת
6 5 4 3
הַחֲנוּת הַגְּדוֹלָה. יֵשׁ אוֹטוֹבּוּסִים וּמוֹנִיוֹת* בָּרְחוֹב וְיֵשׁ גַּם מָלוֹן יָפֶה. בַּמָּלוֹן
9 8 7
הֵם עוֹמְדִים בְּתוֹר, קוֹנִים כַּרְטִיסִים וְאוֹכְלִים אֲרוּחַת בּוֹקֶר. סוֹף-סוֹף הֵם
10
רוֹצִים לְשַׁלֵּם וְלַרֶדֶת לַיָּם.

NOTE: *Remember the changed vocalization of וְ ('and'): before the letter מ, the ו is vocalized as וּ.

Exercise 25

Now that you have read and understood the passage, answer the following questions in English:

1 Where are the tourists walking?
2 What kind of shop do they see?
3 What is there in the street apart from buses and taxis?
4 In which direction is the shop?
5 What do they buy in the hotel?
6 What do they do before they eat?
7 What do they eat?
8 What do they want to do after paying?

Exercise 26

Using the question words you have learned, ask as many questions as you can which can be answered by the **first two sentences** of the passage. Your answer may be different from ours. (See 4.4 if you need help.)

Exercise 27

Each noun has a number above it. Write down the numbers of
(a) the masculine nouns
(b) the feminine nouns.
(See 3.2 and vocabulary lists.)

Exercise 28

Change all the plural verbs: first into the masculine singular, then into the feminine singular. (See 4.2 and 5.3.)

Lesson 6

6.1 Cardinal numbers 1 – 10

Like the adjectives, numbers have masculine and feminine forms. Learn to count up to ten; reading from right to left, the masculine form is given followed by the feminine.

one	*ekhad, akhat*	אֶחָד, אַחַת
two	*shnáyim (shnay), shtáyim*	שְׁנַיִם (שְׁנֵי), שְׁתַּיִם
three	*shloshah, shalosh*	שְׁלוֹשָׁה, שָׁלוֹשׁ
four	*arba'ah, arba*	אַרְבָּעָה, אַרְבַּע
five	*khameeshah, khamesh*	חֲמִישָּׁה, חָמֵשׁ
six	*sheeshah, shesh*	שִׁישָּׁה, שֵׁשׁ
seven	*shiv'ah, shéva*	שִׁבְעָה, שֶׁבַע
eight	*shmonah, shmóneh*	שְׁמוֹנָה, שְׁמוֹנֶה
nine	*tish'ah, taísha*	תִּשְׁעָה, תֵּשַׁע
ten	*asarah, éser*	עֲשָׂרָה, עֶשֶׂר

6.2 Use of cardinal numbers

Position

All the numbers **except the number 'one'** precede the noun:

four buildings	אַרְבָּעָה בִּנְיָנִים
five maps	חָמֵשׁ מַפּוֹת

but:

one map	מַפָּה אַחַת
one building	בִּנְיָן אֶחָד

Gender

When what you are counting is unspecified, for example in arithmetical or mathematical problems, when giving telephone or credit-card numbers or in any countdown, such as for a space flight, the form of the numbers is always **feminine**.

'Two'

The number 'two' changes its form when numbering items:

two buildings	שְׁנֵי בִּנְיָנִים
two maps	שְׁתֵּי מַפּוֹת

Examples

I (m) want three tickets	אני רוֹצֶה שְׁלוֹשָׁה כַּרְטִיסִים
You (f) see two tourists	את רוֹאָה שְׁנֵי תַּיָּרִים
Eric asks for two meals!	אריק מְבַקֵּשׁ שְׁתֵּי אֲרוּחוֹת!
Ilana buys one newspaper	אילנה קוֹנָה עִיתוֹן אֶחָד
We eat four meals	אנחנו אוֹכְלִים אַרְבַּע אֲרוּחוֹת
You pay ten shekels	אתם מְשַׁלְּמִים עֲשָׂרָה שְׁקָלִים
They speak one language	הם מְדַבְּרִים שָׂפָה אַחַת

6.3 Cardinal numbers 11 – 19

The 'teen' numbers (11 – 19) are formed by adding -עֶשְׂרֵה (f) or -עָשָׂר (m) to the unit. Note that there are small changes in the vocalization of some of the numbers: pay special attention to the pronunciation of the feminine forms of 12, 13, 17 and 19. (Again, the masculine form is followed by the feminine.)

11 *akhad-asar, akhat-esreh*	אַחַד-עָשָׂר, אַחַת-עֶשְׂרֵה
12 *shnaim-asar, shtaim-esreh*	שְׁנֵים-עָשָׂר, שְׁתֵּים-עֶשְׂרֵה
13 *shloshah-asar, shlosh-esreh*	שְׁלוֹשָׁה-עָשָׂר, שְׁלוֹשׁ-עֶשְׂרֵה
14 *arba'ah-asar, arba-esreh*	אַרְבָּעָה-עָשָׂר, אַרְבַּע-עֶשְׂרֵה
15 *khameeshah-asar, khamesh-esreh*	חֲמִישָׁה-עָשָׂר, חֲמֵשׁ-עֶשְׂרֵה
16 *sheeshah-asar, shesh-esreh*	שִׁישָׁה-עָשָׂר, שֵׁשׁ-עֶשְׂרֵה
17 *shiv'ah-asar, shvah-esreh*	שִׁבְעָה-עָשָׂר, שְׁבַע-עֶשְׂרֵה
18 *shmonah-asar, shmóneh-esreh*	שְׁמוֹנָה-עָשָׂר, שְׁמוֹנֶה-עֶשְׂרֵה
19 *tish'ah-asar, tshah-esreh*	תִּשְׁעָה-עָשָׂר, תְּשַׁע-עֶשְׂרֵה

6.4 The numbers up to 100

The higher numbers are formed by adding ים. to the unit. The numbers 20, 30, etc. have just one form for both masculine and feminine; 100 exists in the feminine only.

20	*esrim* (m & f)	עֶשְׂרִים*
30	*shloshim*	שְׁלוֹשִׁים
40	*arba'im*	אַרְבָּעִים
50	*khamishim*	חֲמִישִּׁים
60	*shishim*	שִׁישִּׁים
70	*shiv'im*	שִׁבְעִים
80	*shmonim*	שְׁמוֹנִים
90	*tish'im*	תִּשְׁעִים
100	*me'ah* (f only)	מֵאָה

NOTE: * The number 20 is exceptional in that the Hebrew ending is added to 'ten' (עֶשֶׂר) rather than to 'two' as might be expected.

Then you add the smaller number to that, to give you:

35	*shloshim v'khamesh*	שְׁלוֹשִׁים-וְחָמֵשׁ
47	*arba'im v'shévah*	אַרְבָּעִים-וְשֶׁבַע
63	*shishim v'shalosh*	שִׁישִּׁים-וְשָׁלוֹשׁ

and so on.

Exercise 29

(a) Write the following numbers in figures (read from right to left):

אַרְבַּע, תֵּשַׁע, אַחַת-עֶשְׂרֵה, חֲמִישָּׁה-עָשָׂר, תִּשְׁעָה-עָשָׂר, עֶשְׂרִים-וְשָׁלוֹשׁ,
שְׁלוֹשִׁים-וְשֵׁשׁ, אַרְבָּעִים-וּשְׁתַּיִם, חֲמִישִּׁים-וְשִׁבְעָה, שִׁישִּׁים,
שִׁבְעִים-וְאַרְבָּעָה, שְׁמוֹנִים, תִּשְׁעִים-וְאַחַת

(b) Say the following numbers in Hebrew, first in the masculine, then in the feminine:

5, 8, 14, 16, 20, 26, 32, 44, 51, 69, 70, 85, 93, 37

Exercise 30

Say in Hebrew the answers to the following problems:

4 + 3 = 7 x 9 = 5 + 6 = 22 + 8 = 20 - 5 = 47 + 31 =
12 x 4 = 56 + 44 = 9 + 8 =

VOCABULARY

chair - chairs (m)	*kiseh – kis'ot*	כִּסֵא - כִּסְאוֹת*
table - tables (m)	*shoolkhan – shoolkhanot*	שׁוּלְחָן - שׁוּלְחָנוֹת*
cupboard, closet - cupboards (m)	*aron – aronot*	אָרוֹן - אֲרוֹנוֹת*
apartment, flat (f)	*deerah*	דִירָה
(small) change (m)	*ódef*	עוֹדֶף
a cold, runny nose (f)	*nazélet*	נַזֶלֶת

NOTE: *Despite their feminine plural ending, these nouns are masculine, so masculine adjectives and numbers are used with them. Another noun of this type is רְחוֹב 'street', of which the plural is רְחוֹבוֹת.

Exercise 31

Say the numbers aloud (read from right to left):

16 כַּרְטִיסִים, 47 בִּנְיָנִים, 2 מַפּוֹת, 93 כִּסְאוֹת, 11 בָּחוּרוֹת, 54 תַּיָרִים,
8 שׁוּלְחָנוֹת, 12 מְכוֹנִיוֹת, 30 אוֹטוֹבּוּסִים, 63 רְחוֹבוֹת, 82 מִזְוָדוֹת,
76 טְרוֹמְבּוֹנִים, 4 אֲרוֹנוֹת, 21 דִירוֹת

6.5 Possession: nouns and proper nouns

There is no verb 'to have' in Hebrew. Instead, a compound form is used: יֵשׁ 'there is', together with the preposition לְ 'to' (or 'for'). Therefore, 'Ilana has a ticket' will be rendered like this:

There is/ to Ilana/ a ticket	יֵשׁ/ לְאִילנה/ כַּרְטִיס

Eric has change	יֵשׁ לְאריק עוֹדֶף
Helen has a cold	יֵשׁ לְהלן נַזֶלֶת
Samuel has a friend (f)	יֵשׁ לְשמואל חֲבֵרָה
The tourist has two chairs	יֵשׁ לַתַּיָר שְׁנֵי כִּסְאוֹת

NOTES: 1 יֵשׁ 'there is' does not change according to number or gender.

2 Remember what happens when the noun is not a name but is definite, that is, when it is preceded by הַ. For example, '**The** tourist has a map' = 'There is/ to **the** tourist/ a map'. 'To the' cannot be לְהַ as you have already learned, so לְ ('to') plus הַ ('the') becomes לַ. The sentence reads יֵשׁ לַתַּיָר מַפָּה.

Exercise 32

Translate the following sentences:

1 The young man has two newspapers.
2 The hotel has 34 rooms.
3 Ilana has nine suitcases.
4 The tourist (m) has three cars.
5 The apartment has eleven cupboards.
6 A tourist (f) has 110 dollars.
7 Eric has 40 maps.
8 The girl has change.
9 A friend (m) has a cold.

6.6 Possession: pronouns

When you want to use a pronoun (for example, '**I** have', '**you** have') the possessive לְ is altered to mean 'to **me**' or 'to **you**' instead of 'to Ilana' or 'to the driver'. Let's see how this works:

'I have a cold' translates as 'There is **to me** a cold': יֵשׁ = there is; לִי = to me; נַזֶּלֶת = a cold: יֵשׁ לִי נַזֶּלֶת.

There is a pronoun ending for each person:

to me (m & f)	*li*	לִי
to you (m sing)	*l'kha*	לְךָ
to you (f sing)	*lakh*	לָךְ
to him	*lo*	לוֹ
to her	*lah*	לָהּ
to us (m & f)	*lánoo*	לָנוּ
to you (m pl)	*lakhem*	לָכֶם
to you (f pl)	*lakhen*	לָכֶן
to them (m)	*lahem*	לָהֶם
to them (f)	*lahen*	לָהֶן

Exercise 33

Translate the following sentences:

1 Sometimes we have a room in Jerusalem.
2 I have four good tickets to the concert.
3 Yossi has a newspaper; he also has two shekels.

4 Do you have a large apartment, Helen?
5 You (m pl) have a room in the hotel. It's not far.
6 She always has a glass of wine.
7 You (m sing) have a very beautiful car.
8 They have nice friends!

NOTE: Remember that the preposition לְ can also mean 'for'. For example: 'for a day' לְיוֹם; 'three shekels for a ticket' שְׁלוֹשָׁה שְׁקָלִים לְכַּרְטִיס.

6.7 The genitive: 'my'

You can add the same pronoun endings to almost any preposition. For example, the word שֶׁל means 'of', as in הָעִיתוֹן שֶׁל יוֹסִי 'the newspaper **of** Yossi' (i.e. 'Yossi's newspaper') or הַמֶּרְכָּז שֶׁל הָעִיר 'the centre of the town'. '**My** newspaper' is, literally, 'the newspaper **of me**': הָעִיתוֹן שֶׁלִּי. You use exactly the same pronoun ending as for the preposition לְ ('to').

The possessive pronouns ('my', 'your', 'his', etc.) constructed from שֶׁל ('of') plus the appropriate pronoun ending (שֶׁלִּי, שֶׁלְּךָ, שֶׁלּוֹ etc.) follow the noun like adjectives:

my newspaper	הָעִיתוֹן שֶׁלִּי
your newspaper	הָעִיתוֹן שֶׁלְּךָ
his newspaper	הָעִיתוֹן שֶׁלּוֹ

and so on.

When the noun is used without the definite article, the meaning changes:

a newspaper of his	עִיתוֹן שֶׁלּוֹ

At this point you may ask: How do you tell the difference between 'his newspaper' and 'the newspaper is his', since both are rendered הָעִיתוֹן שֶׁלּוֹ? The answer is that grammatically you can't, and you have to decide according to the context.

VOCABULARY

the telephone number (m)	*meespar hatélefon*	מִסְפָּר הַטֶּלֶפוֹן
telephone directory (m)	*séfer télefonim*	סֵפֶר טֶלֶפוֹנִים
one must (followed by verb in infinitive, 'to')	*tsareekh*	צָרִיךְ

National Health Service	*koopat kholim*	קוּפַּת חוֹלִים
driving licence (m)	*rishyon n'heegah*	רִשְׁיוֹן נְהִיגָה
week - weeks (m)	*shavóoa - shvoo'ot*	שָׁבוּעַ - שְׁבוּעוֹת*
hour (f)	*sha'ah*	שָׁעָה
month - months (m)	*khódesh - khodashim*	חוֹדֶשׁ - חוֹדָשִׁים*
day - days (m)	*yom - yamim*	יוֹם - יָמִים*
place, space (m)	*makom*	מָקוֹם
another one	*od ekhad, od akhat*	עוֹד אֶחָד/אַחַת
insurance (m)	*beetóoakh*	בִּיטוּחַ**
here	*kan*	כַּאן
kitchen (m)	*mitbakh*	מִטְבָּח
year - years (f)	*shanah - shaneem*	שָׁנָה - שָׁנִים*
petrol, gas (m)	*délek*	דֶלֶק
but	*aval*	אֲבָל
Verbs		
rent, hire (root & infinitive)	*liskor*	שכר: לִשְׂכּוֹר
travel (root & infinitive)	*linsoa*	נסע: לִנְסוֹעַ***

NOTES: * These nouns have irregular plural endings. שָׁבוּעַ (week) is masculine but takes a feminine plural type of ending. שָׁנָה (year) is feminine but takes a masculine plural type of ending. The plural ending does not affect the noun's gender: the adjectives used will still agree with the gender.

Note the pronunciation of this word: *beetooakh***. This is the case whenever the letter ח at the end of the word appears with this vocalization: חַ.

***Note the slight variation in vocalization of the feminine singular: נוֹסַעַת. This is the case with all verbs which have ע or ח as their last root-letter.

Exercise 34

Answer the following questions:

1 כַּמָּה יָמִים יֵשׁ בַּשָּׁבוּעַ?
2 כַּמָּה שְׁבוּעוֹת יֵשׁ בַּשָּׁנָה?
3 כַּמָּה שָׁעוֹת יֵשׁ בַּיּוֹם?
4 כַּמָּה יָמִים יֵשׁ בַּחוֹדֶשׁ?
5 כַּמָּה חוֹדָשִׁים יֵשׁ בַּשָּׁנָה?
6 כַּמָּה שבוּעוֹת יֵשׁ בַּחוֹדֶשׁ?

Exercise 35

Change the underlined phrases to prepositions with the correct pronoun endings. Note that pronouns, names and prepositions have been left unvocalized.

1 הַדִירָה של אילנה גְדוֹלָה.
2 הַשוּלְחָן של אריק יָפֶה מְאֹד.
3 אנחנו עוֹמְדִים בַּדִירָה וְרוֹאִים אֶת הַחֲבֵרִים הַנֶחְמָדִים שלי וְשל אילנה.
4 הַכִּסְאוֹת של אריק וְשל אילנה יְקָרִים מְאֹד.
5 אני הוֹלֵךְ לַמָלוֹן שלךָ וְשל שמואל.
6 הַמְכוֹנִית שלךְ וְשל אילנה קְטַנָה.

Exercise 36

Translate the sentences:

1 My room is cold.
2 This is my good friend (m).
3 This is a good friend (m) of mine.
4 His car is beautiful.
5 His beautiful car is here.
6 Eric is buying her chairs.

6.7 Useful telephone expressions

May I speak to [with] — please?	אֶפְשָׁר לְדַבֵּר עִם — בְּבַקָשָׁה?
I would like [want] to speak to — please	אני רוֹצֶה, רוֹצָה לְדַבֵּר עִם — בְּבַקָשָׁה
This is — speaking	כַּאן מְדַבֵּר/מְדַבֶּרֶת —
Just a moment please	רַק רֶגַע, בְּבַקָשָׁה
Please hold the line	תַמְתִין/תַמְתִינִי עַל הַקַו, בְּבַקָשָׁה*
You have the wrong number	טָעִיתָ/טָעִית בַּמִסְפָּר
What number is this?	אֵיזֶה מִסְפָּר זֶה?
He's/She's not in now	אֵינֶנוּ/ אֵינֶנָה עַכְשָׁו

Transliteration:
Efshar l'daber im — b'vakashah
Anee rotseh/rotsah l'daber im — b'vakashah

Kan mdáber/m'dabéret —
Rak réga, b'vakashah
Tamteen al hakav, b'vakashah
Ta'eeta, ta'eet bamispar
Aízeh mispar zeh?
Ainénoo/Ainénah akhshav

NOTE: * This is very formal and is likely to be said by a telephone operator or perhaps a receptionist.

Exercise 37

Read the dialogue aloud. (Note that it is unvocalized except for new names and words which could be ambiguous.) Say the numbers in Hebrew! Remember that when numbers stand alone, such as telephone numbers, you use the feminine form. Check your pronunciation with the vocabulary list. Finally, translate the dialogue into English.

שמואל: אנחנו נוסעים לְגָלִיל (Galilee).
אריק: טוב מאד. איך נוסעים לגליל? באוטובוס?
שמואל: לא, במכונית.
אריק: יש לנו מכונית?
שמואל: לא. צָרִיךְ לִשְׂכּוֹר מכונית מאֶוִים (Avis). אילנה, יש לך ספר טלפונים?
אילנה: כן.
שמואל: יש לך את מספר הטלפון של אֶוִים?
אילנה: כן. הִנֵה הוא. 639412.
שמואל: (dials) 6-3-9-4-1-2. הַלוֹ, אֶוִים?
קול (voice): לא, זה לא אֶוִים. זאת קופת חולים.
שמואל: סליחה, טעיתי במספר. איזה מספר זה?
קול: 6-3-8-4-1-2.
שמואל: (dials again) הלו, אֶוִים? מי מדבר?
קול: מדברת שׁוֹשָׁנָה.
שמואל: אני רוצה לשכור מכונית, בבקשה.
שושנה: בסדר. רק רגע בבקשה. (Samuel holds on) יש לְךָ רשיון נהיגה?
שמואל: כן.
שושנה: לְכמה ימים אתה רוצה את המכונית?
שמואל: ל - 3 ימים. כמה זה עולה?
שושנה: זה עולה 120 שקָלים ליום, ועוד 2 שקלים לקִילוֹמֶטֶר ו30 שקלים לבִיטוּחַ. אתה משלם גם לדֶלֶק. יש לך מפה?
שמואל: כן. יש לנו מפה. איפה אתם?

שושנה: אנחנו ברחוב גְנֶסִין.
שמואל: איזה מספר?
שושנה: מספר 55.
שמואל: תודה רבּה.
שושנה: יש לכם מקום לְעוד אחד בַּמכונית שלכם?
שמואל: לְמי?
שושנה: לִי!

Exercise 38

Translate this dialogue into Hebrew:

Helen: I want to rent an apartment in Tel Aviv.
Agent (m, סוֹכֵן): How many rooms do you want in the apartment?
Helen: I want three rooms and a kitchen and a bathroom.
Agent: I have a very nice apartment. There are four rooms in this apartment and one bathroom and one kitchen. It has two large cupboards, six chairs and one table. It is very large and warm [hot].
Helen: And very expensive.
Agent: Yes. This apartment is expensive. 300 shekels per week. How many rooms do you have now?
Helen: I have one room. It's not very nice. There is a bathroom in the building but it isn't ours. We have a kitchen and one small cupboard. Our room is cold. It's near the airport.
Agent: We?
Helen: My friend (f) and I. Where is your apartment?
Agent: In Ramat Aviv. Near [to] the University (לאוּנִיבֶרסִיטָה*). Do you have a car?
Helen: No. Ramat Aviv is far.** There is a car but it's not mine, it's my friend's. I don't want your apartment. Thank you very much.

NOTES: *This is a direct transliteration of the English.
**Names of towns and suburbs are usually feminine.

Lesson 7

7.1 Ordinal numbers

Most of the ordinal numbers from 'first' to 'tenth' will seem familiar, since they are derived from the cardinal numbers. They are listed with the masculine first. From 'third', the feminine form is created by adding ת to the word:

first	*rishon, rishonah*	רִאשׁוֹן, רִאשׁוֹנָה
second	*shainee, shniyah*	שֵׁנִי, שְׁנִיָּה
third	*shlishee, shlisheet*	שְׁלִישִׁי, שְׁלִישִׁית
fourth	*r'vi'ee, r'vi'eet*	רְבִיעִי(ת)
fifth	*khamishee, khamisheet*	חֲמִישִׁי(ת)
sixth	*shishee, shisheet*	שִׁישִׁי(ת)
seventh	*shvi'ee, shvi'eet*	שְׁבִיעִי(ת)
eighth	*shminee, shmineet*	שְׁמִינִי(ת)
ninth	*tshi'ee, tshi'eet*	תְּשִׁיעִי(ת)
tenth	*asiree, asireet*	עֲשִׂירִי(ת)

These ordinal numbers behave like adjectives in that they **follow** the noun:

the seventh day	הַיּוֹם הַשְּׁבִיעִי
the tenth month	הַחוֹדֶשׁ הָעֲשִׂירִי

7.2 Days of the week

These numbers give us the days of the week, all but the seventh. In Israel the week starts on Sunday:

Sunday	יוֹם רִאשׁוֹן
Monday	יוֹם שֵׁנִי
Tuesday	יוֹם שְׁלִישִׁי
Wednesday	יוֹם רְבִיעִי
Thursday	יוֹם חֲמִישִׁי
Friday	יוֹם שִׁישִׁי
Saturday (Sabbath)	שַׁבָּת

7.3 Telling the time

In telling the time the **feminine** form of the numbers is always used. In addition to the whole numbers, you have to learn two fractions:

half	חֵצִי
quarter	רֶבַע

Learn the following time expressions:

What is the time? [lit: What is the hour?]	מַה הַשָּׁעָה?
It is five o'clock	הַשָּׁעָה חָמֵשׁ

When it is **past** the hour, you use the prefix וְ:

It is half past five [lit: five and a half]	הַשָּׁעָה חָמֵשׁ וְחֵצִי
It is a quarter past five [lit: five and a quarter]	הַשָּׁעָה חָמֵשׁ וְרֶבַע
It is 5.04	הַשָּׁעָה חָמֵשׁ וְאַרְבַּע דַּקּוֹת

When it is **before** the hour, you use the preposition לְ:

It is a quarter to six	הַשָּׁעָה רֶבַע לְשֵׁשׁ
It is twenty to six	הַשָּׁעָה עֶשְׂרִים לְשֵׁשׁ

You can also use the word for 'less' פָּחוֹת:

It is a quarter to six [lit: six less a quarter]	הַשָּׁעָה שֵׁשׁ פָּחוֹת רֶבַע
It is twenty to six	הַשָּׁעָה שֵׁשׁ פָּחוֹת עֶשְׂרִים

minute	דַּקָּה (f) or רֶגַע (m)
noon	צָהֳרַיִם
midnight	חֲצוֹת

Transliteration:
khetzee, réva
mah hasha'ah, hasha'ah khamesh
hasha'ah khamesh v'khéitzee, hasha'ah khamesh v'réva, hasha'ah khamesh v'arba dakot
hasha'ah réva l'shesh, hasha'ah esrim l'shesh
pakhot
hasha'ah shesh pakhot réva, hasha'ah shesh pakhot esrim
dakah
réga
*tsohoráyim**
khatsot
*Please note the unusual pronunciation of the vowels.

Exercise 39

Tell the times on the following clocks in Hebrew:

1
3
2

4

Exercise 40

Say these times in Hebrew:

8.20, 14.42, 3.50, 12.16, 21.34, 12.00 midnight, 9.45, 4.10

7.4 Use of the infinitive

The infinitive is not always used in the same way in Hebrew as in English. 'I want **to go**' (using the infinitive) is אני רוֹצָה לָלֶכֶת (using the infinitive). But whereas in English you say 'I must go' (without the 'to' of the infinitive), and 'I can go' (without the 'to' of the infinitive) in Hebrew we say אני יָכוֹל לָלֶכֶת and אני צָרִיךְ לָלֶכֶת (using the infinitive). The verbs listed below, together with the verb רצה ('want') which you already know, are always followed by the infinitive in the present and past tenses. (רצה can, of course, also be followed by a noun; for example, 'I want a banana' אני רוֹצָה בָּנָנָה.) Note that the following verbs have unusual structures.

'Must', 'have to' (+ infinitive)

אני, אתה, הוא צָרִיךְ (m sing)
אני, את, היא צְרִיכָה (f sing)
אנחנו, אתם, הם צְרִיכִים (m pl)
אנחנו, אתן, הן צְרִיכוֹת (f pl)

Examples:

I must go now	אני צָרִיךְ לָלֶכֶת עַכְשָׁו
We must stand in the queue	אנחנו צְרִיכִים לַעֲמוֹד בַּתּוֹר

'Can', 'able to' (+ infinitive)

אני, אתה, הוא יָכוֹל (m sing)
אני, את, היא יְכוֹלָה (f pl)
אנחנו, אתם, הם יְכוֹלִים (m pl)
אנחנו, אתן, הן יְכוֹלוֹת (f pl)

Examples:

He can go	הוא יָכוֹל לָלֶכֶת
We can buy bananas and Coca-Cola	אנחנו יְכוֹלִים לִקְנוֹת בָּנָנוֹת וְקוֹקָה-קוֹלָה

'It is possible' (+ infinitive)

The word אֶפְשָׁר ('possible' or 'it is possible') is not a verb, but it is also followed by the infinitive. Because it is not a verb, it does not change its form according to number and gender.

Examples:

It is possible to buy Coca-Cola in the shop	אֶפְשָׁר לִקְנוֹת קוֹקָה-קוֹלָה בַּחֲנוּת
Is it possible to travel to Tel Aviv now?	אֶפְשָׁר לִנְסוֹעַ לְתֵל-אָבִיב עַכְשָׁו?

VOCABULARY

to make an appointment	*likboa p'geeshah*	לִקְבּוֹעַ פְּגִישָׁה
work (f)	*avodah*	עֲבוֹדָה
at what time?	*b'áizo sha'ah?*	בְּאֵיזוֹ שָׁעָה?
name (m)	*shem*	שֵׁם
with	*im*	עִם
office (m)	*misrad*	מִשְׂרָד
tourist office (m)	*misrad hatayaroot*	מִשְׂרַד הַתַּיָּרוּת
luck (m)	*mazal*	מַזָּל*

excuse me, I beg your pardon	*slikhah*	סְלִיחָה
people (m)	*anasheem*	אֲנָשִׁים
today	*hayom*	הַיּוֹם
Verbs		
work (root & inf)	*la'avod*	עבד: לַעֲבוֹד
love, like (root & inf)	*le'ehov*	אהב: לֶאֱהוֹב
meet (root & inf)	*lifgosh*	פגש: לִפְגּוֹשׁ
seek, look for (root, inf & present m sing: *pi'el*)	*l'khapes*	חפש: לְחַפֵּשׂ (מְחַפֵּשׂ)

NOTE: *If you add טוֹב ('good') to מַזָּל ('luck') you have מַזָּל טוֹב ('good luck') which has become the expression in English, *mazeltov.*

Exercise 41

Read and translate the following telephone conversation. Only new names and all words which could be ambiguous are vocalized the first time they appear. Check your pronunciation with the vocabulary lists.

שׁוֹשָׁנָה: הַלוֹ, 13378?

קול *(voice)* ראשון: כן?

שושנה: אפשר לְדַבֵּר עִם מַר (Mr) בַּר-און, בבקשה.

קול ראשון: סליחה?

שושנה: אני רוצה לדבר עם מר בר-און, בבקשה.

קול ראשון: רגע בבקשה.

קול שֵׁנִי: הלו, מְדַבֵּר בר-און.

שושנה: שלום, מר בר-און אני מְחַפֶּשֶׂת עבודה. אני רוצה לעבוד בְּמשרד התַּיָּרוּת.

בר-און: מה הַשֵּׁם שֶׁלָּךְ?

שושנה: השם שלי שושנה הַרְאֵל. יש מוֹדָעָה (advertisement, f) בָּעיתון. אֶפְשָׁר לִקְבּוֹעַ פגישה?

בר-און: אַתְּ מחפשת עבודה? יש לָךְ מזל! יש לנו מקום בַּמשרד הזה.

שושנה: כן, יש לי מזל. אפשר לקבוע פגישה?

בר-און: כן, ביום רביעי, בשעה עֶשֶׂר וָחֵצִי בַּבּוֹקר.

שושנה: סליחה, מר בר-און, אני לא יכולה לקבוע פגישה בעשר וחצי, כי אני עובדת.

בר-און: יש לך עבודה? למה את רוצה לעבוד במשרד התירות?

שושנה: כי אני לא אוהבת את העבודה שלי. האנשים במשרד לא נחמדים.

בר-און: בְּאֵיזוֹ שעה את יכולה לקבוע פגישה?

שושנה: בשעה רבע לשתֵּים-עשׂרה. זה בסדר?

בר-און: בסדר. ביום חמישי בשעה רבע לשתים-עשרה.

שושנה: לא, ביום רביעי. תודה רבה. שלום.

Exercise 42

This drill will test your use of the new verbs and your knowledge of infinitives. Change the sentences according to the example given below. From this point onwards, vocalization will be dropped except in examples illustrating new rules, when new names are introduced or when a word could be ambiguous.

Example: You are given: אילנה קונה מפה היום. (צריך)
Ilana is buying a map today. (must)
You change it to: אילנה צריכה לקנות מפה היום.
Ilana must buy a map today.

1 מר בר-און פוגש אֶת התיר* ביום ראשון .(יכל)
2 אריק יורד אל הים בשעה עשׂר וחצי. (צריך)
3 אנחנו נוסעים במכונית לגליל. (רצה)
4 התיֶרת לא הולכת למשרד-התירות בשַׁבָּת. (יכל)
5 שושנה מדַבּרת עם מר בר-און. (צריך)
6 הם שותים בירה וְיין .(רצה)
7 הלן ואילנה לא רואות דירה יפה בתל אביב. (יכל)
8 אנחנו שׂוכרים מכונית לְיום. (צריך)

*NOTE: If it is unvocalized, this word can be written תייר.

7.5 The particle אֶת *et* with pronoun endings

In 5.4 you learned that the **direct, definite** object must always be preceded by the word אֶת; for example, 'Ilana sees the young man' אילנה רוֹאָה אֶת הַבָּחוּר. When 'the young man' is changed to 'him', the word אֶת takes a pronoun ending (exactly as the prepositions לְ and שֶׁל do). The full list of endings is as follows:

me (m & f)	*otee*	אוֹתִי
you (m sing)	*otkha*	אוֹתְךָ
you (f sing)	*otakh*	אוֹתָךְ
him	*oto*	אוֹתוֹ
her	*otah*	אוֹתָהּ
us (m & f)	*otánoo*	אוֹתָנוּ
you (m pl)	*etkhem*	אֶתְכֶם*
you (f pl)	*etkhen*	אֶתְכֶן*
them (m pl)	*otam*	אוֹתָם
them (f pl)	*otan*	אוֹתָן

NOTE: *The forms אוֹתְכֶם *otkhem* ('you', m pl) and אוֹתְכֶן *otkhen* ('you', f pl) are often used.

Exercise 43

Change the passage by replacing each underlined phrase with the appropriate object pronoun.

Example: You see: מַר בַּר-אוֹן קוֹנֶה אֶת הַבִּנְיָנִים.

Mr Baron is buying **the buildings**

You change this to: מַר בַּר-אוֹן קוֹנֶה אוֹתָם.

Mr Baron is buying **them**.

היום, בשעה 9, אנחנו הולכִים לִראות את הדירה של מר בר-און כי שושנה רוצָה לקנות את הדירה. בַּדירה יש ארבּעה חדָרים, ושושנה אוהבת את החדרים. יש גם מטבח ושושנה אוהבת את המטבח. מר בר-און לא בַּדירה, ושושנה מחפשׂת את מר בר-און. הוא לא רוצֶה לראות את אילנה ואוֹתִי בדירה; הוא רוצה לראות את שושנה כי הוא אוהב את שושנה.

7.6 Uses of לְ *l'* and its pronoun endings

The use of prepositions differs from language to language. For example, in English you can say 'I give you' or 'I pay you'. In Hebrew we say 'I give **to** you' and 'I pay **to** you'. 'Give me' is, therefore, 'Give to me': תֵּן לִי.

תֵּן means 'give'; this is the imperative form of the verb root נתן which forms its present tense like הלך ('walk') and ירד ('stand') – see 4.2, Group 1. The imperative forms are:

m sing: give	*tain*	תֵּן
f sing: give	*t'nee*	תְּנִי
m pl: give	*t'noo*	תְּנוּ
f pl: give	*t'noo*	תְּנוּ*
Infinitive: to give	*latet*	לָתֵת

NOTE: *There is also a grammatically correct form: *táinah* תֵּנָּה.

Ilana, give me a shekel, please	אילנה, תְּנִי לִי שֶׁקֶל בְּבַקָּשָׁה
Eric, give us the map	אריק, תֵּן לָנוּ אֶת הַמַּפָּה
Give (m pl) Helen a glass of wine	תְּנוּ לְהלן כּוֹס יַיִן

Other uses of לְ plus its pronoun endings are as follows:

I/you/he don't/doesn't have [There isn't/ to me/you/him]	אֵין לִי/לְךָ/לוֹ
I/you/he am/are/is cold [It is cold/ to me/you/him]	קַר לִי/לְךָ/לוֹ*
I/you/he am/are/is hot [It is hot/ to me/you/him]	חָם לִי/לְךָ/לוֹ

and similarly for the feminine and the plural forms.

NOTE: * The adjectives קַר, חָם ('cold', 'hot'), when used in this way, do not change according to number and gender.

Examples:

I am very hot and I'm going down to the sea	חָם לִי מְאֹד, וַאֲנִי יוֹרֵד לַיָּם
We're cold in the hotel, (so) we want to drink (some) wine	קַר לָנוּ בַּמָּלוֹן ,וְאנחנו רוֹצִים לִשְׁתּוֹת יַיִן
She doesn't have (any) change in her room	אֵין לָהּ עוֹדֶף בַּחֶדֶר שֶׁלָּהּ
Mr Baron doesn't have a telephone	אֵין לְמַר בַּר-אוֹן טֶלֶפוֹן

Exercise 44

Answer the questions (1 – 7) with the correct response (A – G).

1 למה שמואל ואריק שותים בירה?	A כי אין לה כרטיסים.
2 למה אתה עומד בים?	B כי הוא אוהב אותן.
3 למה אריק אוכל בננות?	C כי יש לו רשיון נהיגה.
4 למה שושנה לא הולכת לקונצרט?	D כי היא לא אוהבת אותה.
5 למה שמואל שוכר מכונית?	E כי הם לא יכולים לדבֵּר עברית.
6 למה הם לא מדברים?	F כי חם לי בחדר.
7 למה שושנה לא קונה את הדירה?	G כי אין להם יין.

VOCABULARY

what else?	*mah od?*	מַה עוֹד?
supermarket (m)	*soópersol, supermarket*	סוּפֶּרסוֹל, סוּפֶּרמַרְקֶט
restaurant (f)	*mis'adah*	מִסְעָדָה
telephone token (m)	*aseemon*	אֲסִימוֹן
egg – eggs (f)	*beitzah – beitzeem*	בֵּיצָה - בֵּיצִים*
cheese (f)	*g'veenah*	גְּבִינָה
apple – apples (m)	*tapóoakh – tapookhim*	תַּפּוּחַ - תַּפּוּחִים
cucumber (m)	*m'laf'fon*	מְלָפְפוֹן
tomato (f)	*agvaniyah*	עַגְבָנִיָּה
vegetables (m pl)	*y'rakot*	יְרָקוֹת*
fruit (m pl)	*pairot*	פֵּרוֹת*
I'm on a diet	*ani b'deeyétah*	אני בְּדִיֶאטָה
beforehand	*kódem*	קוֹדֶם

honey (m)	*d'vash*	דְּבַשׁ
yoghurt (m)	*yogóort*	יוֹגוּרְט
olive - olives (m)	*zayit - zeiteem*	זַיִת - זֵיתִים
salad (m)	*salat*	סָלָט
enough	*maspeek*	מַסְפִּיק
too much	*yoter meedye*	יוֹתֵר מִדַּי
Mrs, Miss, Madam	*g'véret*	גְּבֶרֶת (.abbrev גב׳)
Verb		
to invite, to order (infinitive only)	*l'hazmeen*	לְהַזְמִין**

NOTES: * These nouns are commonly used in the plural. Their plural endings do not accord with their gender. However, adjectives used with them must be in the correct gender.
** This verb takes a form which we will be studying later in detail.

Exercise 45

Read and translate the following dialogue:

שמואל: אילנה רוצה לְהַזְמִין אותנו לֶאֱכוֹל ארוחה בְּמִסְעָדָה היום.
הלן: טוב מאד, אבל מסעדות מאד יקרות.
שושנה: כן. צריך לִקְנוֹת אוֹכֶל ולאכול בַּדירה שלי. אני אוהבת תְּיָרִים!
אריק: תודה רבה, שושנה, איפה קונים אוכל?
שושנה: אפשָׁר לקנות אותו בַּסוּפֶּרמַרְקֶט. יש סופרמרקט קרוב לדירה שלי. אבל אני אוהבת את החנות הקטנה של גב׳ מִיכַאֵלִי.
בַּחנות:
שושנה: בּוֹקֶר טוב, גב׳ מִיכַאֵלִי. אנחנו רוצים לקנות אוכל. תְּנִי לי בבקשה שש ביצים.
גב׳ מ: מה עוד?
שושנה: קִילוֹ גבינָה בבקשה.
גב׳ מ: אין לי גבינה טובה היום. יש לי יוגורט. יש לי גם ירָקות טובים.
שושנה: בסדר. תני לנו בבקשה 6 עגבניות, 1 מלפפון, לחם, וחֲצִי קילו זֵיתִים.
גב׳ מ: זה מספיק?
שושנה: כן, תודה.
גב׳ מ: טוב. ומה עוד?
שושנה: יש לך פרות טובים היום? אני רוצה לעשות סלט פרות.
גב׳ מ: כן. יש לי תפוחים, תפוזים ובננות.
שושנה: בסדר ... 4 תפוחים וְיַין. כמה לְשַׁלֵּם לָךְ?
גב׳ מ: 35 שקלים בבקשה. לא. זה יותר מדי. סליחה, טעיתי. 30 שקלים בבקשה.

אריק: גם אני רוצֶה מלפפון.
שושנה: אתה? למה אתה רוצה מלפפון? יש לנו מלפפון.
אריק: כי אני רוצה לְטַלְפֵּן לְאילנה*, ואין לי מלפפון לַטֶלֶפוֹן.
גב׳ מ: אני לא מבינה אותו. מה הוא רוצה?
שושנה: הוא רוצה אסימון לטלפון. תני לו בבקשה אסימון.

NOTE: *'To telephone' in Hebrew is 'to telephone **to**'.

Exercise 46

Translate the following dialogue:

Mr Baron telephones Shoshana.

Mr Baron: Hello, Shoshana? This is Baron speaking. How are you?
Shoshana: I'm fine, thank you. How are you?
Mr Baron: Very well. Is it possible to arrange a meeting?
Shoshana: A meeting? You want to meet me?
Mr Baron: Yes, I want to invite you to a restaurant.
Shoshana: Thank you. When? On which day?
Mr Baron: Saturday at 9.15. Do you like Italian (אִיטַלְקִי) food?
Shoshana: Yes, I like it but I can't eat it. I'm on a diet. I must only eat fruit and vegetables.
Mr Baron: The restaurant doesn't have fruit and vegetables. But I do. You can eat them at my apartment. Also I have bread and cheese, honey and olives with some wine . . .
Shoshana: No, thank you. I don't want to eat at your apartment.
Mr Baron: (sadly) OK. We eat at the Hilton Hotel.
Shoshana: No, thank you. Not in a hotel, not at your apartment. Only in a restaurant.

SHOPS AND SERVICES VOCABULARY

shop (f)	*khanoot*	חֲנוּת
butcher's (m)	*eetleez*	אִיטְלִיז
baker's (f)	*ma'afeeyah*	מַאֲפִיָּה
barber's, hairdresser's (f)	*masperah*	מַסְפֵּרָה
bank (m)	*bank* ('u' as in 'up')	בַּנְק
pharmacy (f)	*merkakhat*	מֶרְקַחַת
laundry (f)	*makhbesah*	מַכְבֵּסָה

Lesson 8

8.1 Numbers over 100

In Lesson 6 you learned the numbers up to and including 100: מֵאָה (f). (See 6.1, 6.3 and 6.4.) The hundreds are as follows:

200	*matáyim*	מָאתַיִם
300	*shlosh me'ot*	שְׁלוֹשׁ מֵאוֹת
400	*arba me'ot*	אַרְבַּע מֵאוֹת

and so on.

356	*shlosh me'ot khameeshim v'shesh*	שְׁלוֹשׁ מֵאוֹת חֲמִישִּׁים וְשֵׁשׁ
207	*matáyim v'shéva*	מָאתַיִם וְשֶׁבַע
1000 (m)	*élef*	אֶלֶף
2000	*alpáyim*	אַלְפַּיִם
2479	*alpáyim arba me'ot sheev'im v'tésha*	אַלְפַּיִם אַרְבַּע מֵאוֹת שִׁבְעִים וְתֵשַׁע
1993	*élef t'sha me'ot tish'im v'shalosh*	אֶלֶף תְּשַׁע מֵאוֹת תִּשְׁעִים וְשָׁלוֹשׁ
0	*éfes*	אֶפֶס

Exercise 47

Give the answers to these problems in Hebrew:

1 97 + 140 =
2 468 - 300 =
3 851 + 343 =
4 1400 + 756 =
5 600 - 500 - 100 =

8.2 More verb forms

As you have seen, all verbs contain three root-letters. In one verb group (our Group 4), one of these root-letters is always a **vowel**. Learn the following verbs (root followed by infinitive):

to come	*lavo*	בּוֹא: לָבוֹא
to live, to dwell	*lagoor*	גוּר: לָגוּר
to put	*laseem*	שִׂים: לָשִׂים

Present tense of 'to come'

m sing: I/you come, he comes	*ba*	אני, אתה, הוא בָּא
f sing: I/you come, she comes	*ba'ah*	אני, את, היא בָּאָה
m pl: we/you/they come	*ba'im*	אנחנו, אתם, הם בָּאִים
f pl: we/you/they come	*ba'ot*	אנחנו, אתן, הן בָּאוֹת

All verbs in this group, i.e with a vowel as the second root-letter, follow an identical pattern, whether the second root-letter is וֹ, וּ or יִ.

Exercise 48

Translate the following passage:

Eric wants to meet Ilana but he has to telephone her first. He is in Tel-Aviv and she lives in Jerusalem. He buys a telephone token and puts it into the telephone.

Ilana: I am coming to Tel-Aviv by bus today at 3.30. Can you meet me?
Eric: My friends and I are coming by car to Jerusalem today at 3.45! I can't meet you.
Ilana: What a pity (חֲבָל). You must come to live in Jerusalem!*
*Note that you will have two infinitives following each other here.

8.3 The conjunction -שֶׁ *she:* 'that'

If we wanted to give an account of what was said in the little dialogue in Exercise 48 (known as putting it in reported speech), we would have to use the conjunction 'that' -שֶׁ and the verb 'say' אמר. For example:

Ilana says that she is coming to Tel Aviv today
אילנה אוֹמֶרֶת שֶׁהִיא בָּאָה לְתֵל-אָבִיב הַיּוֹם

Eric says that he and his friends are coming to Jerusalem
אריק אוֹמֵר שֶׁהוּא וְהַחֲבֵרִים שֶׁלּוֹ בָּאִים לִירוּשָׁלַיִם

In English you don't always have to use the word 'that': 'Ilana says she is coming to Tel Aviv' is acceptable. In Hebrew שֶׁ must always be used.

8.4 The past (imperfect) tense

As has been mentioned (4.1), Hebrew has three tenses: present, past (or imperfect) and future. All the types of past tense in English, such as the present perfect ('I have travelled'), the past perfect or pluperfect ('I had travelled') and the past continuous ('I was travelling'), are expressed in Hebrew by one and the same tense.

The past tense is constructed by adding **suffixes** to the root of the verb. These verb suffixes are similar to the pronoun suffixes you have already learned. Therefore, before learning the forms of the verb in the past tense, **review** the pronoun suffixes in section 6.6.

In the next two sections we shall examine some of the verbs you have already learned, and you will be able to discern similarities between them.

8.5 Group 1 verbs

These are verbs which form their **present tense** like ירד 'go down' (see 4.2): יוֹרֵד, יוֹרֶדֶת, יוֹרְדִים, יוֹרְדוֹת. Some other verbs like this are the following:

work	עבד
stand	עמד
eat	אכל
like, love	אהב
walk, go	הלך

In the **past tense** they all conform to the following pattern. Throughout this course the second person feminine plural is given, but it is not always used in everyday speech. The second person masculine plural is used instead. Suffixes are added to the three root-letters. Note that the accent is not on the suffix, but on the second syllable, except in the third person singular and plural:

I (m & f) descended/went down	*yarád'ti*	אני* יָרַדְתִּי
you (m sing) descended	*yarád'ta*	אתה יָרַדְתָּ
you (f sing) descended	*yarád't*	את יָרַדְתְּ
he descended	*yarad*	הוא יָרַד
she descended	*yardah*	היא יָרְדָה
we (m & f) descended	*yarádnoo*	אנחנו יָרַדְנוּ
you (m pl) descended	*y'rád'tem (yarád'tem)*	אתם יְרַדְתֶּם**
you (f pl) descended	*y'rád'ten (yarád'ten)*	אתן יְרַדְתֶּן**
they (m & f) descended	*yardóo*	הם, הן יָרְדוּ

NOTES: *It is a matter of choice whether you use the pronoun in the past tense. For example, יָרַדְתִּי ('I descended') does not require a pronoun; however, it is not incorrect to use the pronoun, as in אני יָרַדְתִּי.

The vowel under the first root-letter ְ is grammatically correct, but it is rarely pronounced correctly as a silent vowel. Israelis will most frequently say יְרַדְתֶּם and יְרַדְתֶּן. This automatically happens when the first root-letter is a guttural, that is, one of the following: א, ה, ח, ע. (See Grouping 6 under **Verbs at the back of the book.) In this case, in the second person plural, masculine and feminine, these letters will take the ֲ For example, אֲכַלְתֶּם 'you (m pl) ate', עֲמַדְתֶּן 'you (f pl) stood', הֲלַכְתֶּם 'you (m pl) went, walked'. You need not, of course, worry about the vocalization, as long as your pronunciation is correct. As an example, the forms of אכל 'eat' are set out for you:

akhálti	אני אָכַלְתִּי
akhálta	אתה אָכַלְתָּ
akhalt	את אָכַלְתְּ
akhal	הוא אָכַל
akhlah	היא אָכְלָה
akhálnoo	אנחנו אָכַלְנוּ
akháltem	אתם אֲכַלְתֶּם
akhálten	אתן אֲכַלְתֶּן
akhloo	הם אָכְלוּ
akhloo	הן אָכְלוּ

8.6 Group 3 verbs

This group consists of roots ending in the letter ה (see 5.3), which form their present tense like קנה 'buy': קוֹנֶה, קוֹנָה, קוֹנִים, קוֹנוֹת. Some other verbs like this are the following:

build	בנה
see	ראה
want	רצה
turn	פנה

The past tense conforms to the following pattern. Note the differences between this and Group 1:

I (m & f) bought	*kaneéti*	אני קָנִיתִי
you (m sing) bought	*kaneéta*	אתה קָנִיתָ
you (f sing) bought	*kaneet*	את קָנִית

he bought	*kanah*	הוּא קָנָה
she bought	*kantah*	הִיא קָנְתָה
we (m & f) bought	*kaneénoo*	אנחנו קָנִינוּ
you (m pl) bought	*k'neétem (kaneétem)*	אתם קְנִיתֶם*
you (f pl) bought	*k'neéten (kaneéten)*	אתן קְנִיתֶן*
they (m & f) bought	*kanoo*	הם, הן קָנוּ

NOTE: * These forms are generally pronounced קָנִיתֶם, קָנִיתֶן.

Exercise 49

The following sentences are given in the present. Say them aloud, with the verbs in the **past tense**. Throughout this lesson, all verbs in the past tense will be pointed.

1 היום החברים אוכלים בְּמסעדה בתל-אביב.
2 גב` מיכאלי לא עובדת בשבת.
3 אנחנו לא נוסעים לירושלים כי אנחנו יורדים לים.
4 אריק רוצה להזמין את אילנה לארוחה.
5 אַת ושמואל רואים דירה גדולה בתל-אביב.
6 התַּיָרוֹת שוכרות מכונית כי הן רוצות לראות את הַגָּלִיל.
7 אתה ואריק הולכים למשרד של מר בר-און.
8 אתה קובע פגישה במשרד בשעה 9.45 בבוקר.

VOCABULARY

last week	*bashavóoa she'avar*	בַּשָּׁבוּעַ שֶׁעָבַר
last year	*basháнah she'avrah*	בַּשָּׁנָה שֶׁעָבְרָה
evening (m)	*érev*	עֶרֶב
yesterday	*etmol*	אֶתְמוֹל
first of all	*kódem kol*	קוֹדֶם כֹּל
salesperson (f)	*mokhéret*	מוֹכֶרֶת
in order to	*k'dai l'*	כְּדֵי לְ-
passport (m)	*darkon*	דַּרְכּוֹן
travellers' cheques (f)	*hamkha'ot nos'im*	הַמְחָאוֹת נוֹסְעִים
clerk (m, f)	*pakeed, p'keedah*	פָּקִיד, פְּקִידָה
shoes (f)	*na'aláyim*	נַעֲלַיִם
size (f)	*meedah*	מִידָּה
already	*kvar*	כְּבָר
all of them	*koolam*	כּוּלָּם
afterwards	*akhar-kakh, akharai khen*	אַחַר-כָּךְ, אַחֲרֵי-כֵן
still, more	*od*	עוֹד

Verbs (roots and infinitives)

to measure	*limdod*	מדד: לִמְדוֹד
to write down	*lirshom*	רשם: לִרְשׁוֹם
to say	*lomar*	אמר: לוֹמַר*
to find	*limtzo*	מצא: לִמְצוֹא
to ask	*lish'ol*	שאל: לִשְׁאוֹל
to answer	*la'anot*	ענה: לַעֲנוֹת

NOTE: * This infinitive is unique. The version listed here is the modern version, used in common speech. If you read the Bible, you will see the traditional version of this infinitive: לֵאמֹר.

8.7 Some useful verb forms

Some verbs which we use frequently and which it is important for you to know belong to groups which we will study systematically later in this course. You have already encountered one of these, לְהַזְמִין ('to order' or 'to invite'). Another is לְהַחְלִיף ('to change', as in changing money or shoes). The verb in the present tense, masculine and feminine singular מַגִּיעַ, מַגִּיעָה ('arrives') is a third.

Exercise 50

This is a drill to test your ability to use the past tense. You are given a sentence followed by a number of words. Change the sentence to incorporate the first word, then the second, and so on.

Example:

The first sentence is: הַיּוֹם אנחנו קוֹנִים יְרָקוֹת

The first change will be: אֶתְמוֹל אנחנו קָנִינוּ יְרָקוֹת

1 היום אנחנו קונים ירקות.

אתמול - הם - עכשו - אתה - בשבוע שעבר - היא

2 אתם נוֹסְעִים לַנֶּגֶב (Négev desert).

אתמול בעֶרֶב - אני - לפעמים - הם - בשנה שעברה - הוא

Exercise 51

Read the following passage aloud, filling in the missing words from those listed at the bottom. The completed passage is translated in the key.

אתמול אחרי הצהרים אילנה ואני — אל העיר כדי לעשות קניות. קודם כל רציתי — כסף בּבַּנק. — בתור הרבה זמן. סוף-סוף הפקיד — אותי: ״כמה אתה רוצה להחליף?״ — לו שֶׁיש לי 90 דולר בהמחאות נוסעים ושֶׁאני צריך 450 שֶׁקֶל. ״יש לך דרכון?״ שאל הפקיד. הוא — את המספר של הדרכון שלי. אחר-כך — לחנות כדי — נעלים. אילנה — הרבה נעלים אבל לא — את המידה שלה. המוכרת — שֶׁאין לה עוד נעלים. ״כבר — את כולם.״ גם אני מדדתי הרבה ולא — נעלים.

עָמַדְנוּ, מָצָאתִי, עָנִיתִי, מָדְדָה, יָרַדְנוּ, שָׁאַל, לִקְנוֹת, מָדַדְתְּ, לְהַחְלִיף, רָשַׁם, מָצְאָה, אָמְרָה, הָלַכְנוּ

VOCABULARY

money (m)	*késef*	כֶּסֶף
cinema (m)	*kolnóa*	קוֹלְנוֹעַ
film (m)	*séret*	סֶרֶט
the central station	*hatakhanah hamerkazeet*	הַתַּחֲנָה הַמֶּרְכָּזִית
train (f)	*rakévet*	רַכֶּבֶת
his mother	*imo* (*o* as in 'more')	אִמּוֹ
shopping (f)	*k'niyot*	קְנִיּוֹת
again	*od pá'am*	עוֹד פַּעַם
once	*pa'am ákhat*	פַּעַם אַחַת
twice	*pa'amáyim*	פַּעֲמַיִם
outside	*bakhoots*	בַּחוּץ
café (m)	*bait-kafeh*	בֵּית-קָפֶה
Verbs (root and infinitive)		
to visit	*l'vaker*	בקר: לְבַקֵּר
to run	*laroots*	רוץ: לָרוּץ

Exercise 52

Translate this passage into English:

מר בר-און רָצָה לנסוע לְבַקֵּר את אמו. היא גָּרָה בבית יפה בְּפֶּתַח-תִּקְוָה.
בַּתחנה המרכזית עָמַד מר בר-און בתור כדי לִקְנוֹת את הכרטיסים. אחר-כך
הוא שָׁאַל את הפקידה: "באיזו שעה מגיע האוטובוס לפתח-תקוה?"
הפקידה עָנְתָה שֶׁהאוטובוסים כבר נָסְעוּ ושֶׁאין עוד אוטובוס עד 3.30
אחרי הצהרַיִם. מה לעשות? "למה לא שָׂכַרְתָּ מכונית?" שָׁאֲלָה הפקידה.
"כי לשכור מכונית עולה יותר מדי," עָנָה מר בר-און. "ורַכֶּבֶת?" "אין
רכבת עכשָׁו מִתל-אביב לפתח-תקוה," אמרה הפקידה.
מר בר-און הָלַךְ לטלפן לאמו ואָמַר לה שהוא לא יכול להגיע היום.
"בסדר," אָמְרָה, "כי אני עומדת לבוא* לתל-אביב היום!" הם קָבְעוּ
פגישה בבית קפה "עֵלִית" בשעה 5.30.

NOTE: *Mrs Baron is using a common expression meaning 'I'm about to ...' This is formed by using the verb עמד in the appropriate form, such as the feminine singular for Mrs Baron, together with the infinitive of the other verb.

Exercise 53

Put the following sentences into reported speech. For example, change 'Ilana said: "I'm going down to the central station" ' to 'Ilana said that she is going down to the central station'.

1 מר בר-און ענה: "לשכור מכונית עולה לי יותר מדי כסף."
2 הפקיד אמר: "אין רכבת מתל-אביב לפתח-תקוה."
3 אמו אמרה: "אני עומדת לבוא לתל-אביב היום."
4 שושנה אמרה: "אני רציתי לבקר את אמו!"

Exercise 54

Translate into Hebrew:

Yesterday Ilana finally bought her shoes and afterwards we went to the Elite Café to meet Mr Baron, his mother and Shoshana. First we went to change money at [in] the bank. Our friends were already at the café and they were drinking coffee and hot tea. 'We're just about to go to the theatre,' said Mr Baron. They went, but his mother still wanted to do (some) shopping. Ilana, Eric and I went to the cinema to see '2001'. Ilana liked the film very much and Eric wanted to see it again. He had already seen it twice! He wrote down Ilana's telephone number. I have found (some) good friends – and Ilana found some good shoes!

Exercise 55

Answer the questions, using the list below the questions to formulate your answers, and using the correct prepositions. There is more than one answer to some questions.

1 אֵיפֹה קָנִיתָ?
2 איפה אָכַל?
3 איפה עָמְדוּ?
4 איפה שָׁתִינוּ?
5 לְאָן פָּנְתָה?
6 לאן הָלַכְתְּ?
7 לאן נְסַעְתֶּם [נָסַעְתֶּם]?
8 מַה קָבַעְתָּ?
9 מה בָּנוּ?
10 מה מָדַדְנוּ?

הַבַּנק, התור, הבנְיָנים, שמאלָה, נעלַיִם, בית-קפה, המִסעדה, פגישה, פתח-תקוָה, חנות

8.7 כָּל *Kol:* 'all'

This word indicates 'all', 'the whole', 'every/each'. It can be an adverb, a noun or an adjective. For example:

all the time	*kol hazman*	כָּל הַזְּמַן
everything	*hakol*	הַכֹּל
every day	*kol yom*	כָּל יוֹם*
all day	*kol hayom*	כָּל הַיּוֹם*

*Note the difference between these last two expressions.

Like the prepositions, כָּל can take the usual pronoun suffixes. Note that the כָּ can be replaced by כּוּ.

all of me (m & f)	*kooli*	כֻּלִּי
all of you (m sing)	*koolkha*	כֻּלְּךָ
all of you (f sing)	*koolekh*	כֻּלֵּךְ

all of him/it	*koolo*	כֻּלּוֹ
all of her/it	*koolah*	כֻּלָּהּ
all of us	*koolánoo*	כֻּלָּנוּ
all of you (m pl)	*koolkhem*	כֻּלְּכֶם
all of you (f pl)	*koolkhen*	כֻּלְּכֶן
all of them (m), everyone	*koolam*	כֻּלָּם
all of them (f)	*koolan*	כֻּלָּן

Examples:

Eric ate the entire [all of] the cake	אֶרִיק אָכַל אֶת כָּל הָעוּגָה
or:	אֶרִיק אָכַל אֶת הָעוּגָה כֻּלָּהּ [כּוּלָּהּ]
We're all going to a disco	כֻּלָּנוּ [כּוּלָּנוּ] הוֹלְכִים לְדִיסְקוֹ
Have you told everyone?	אָמַרְתָּ לְכֻלָּם [כּוּלָּם]?
I saw all of you (pl)!	אֲנִי רָאִיתִי אֶת כּוּלְּכֶם!

8.8 Idioms

Here are some useful idioms that you should learn:

in any case	*b'khol zot*	בְּכָל זֹאת
in spite of it all	*lamrot hakol*	לַמְרוֹת הַכֹּל
anyway	*b'khol ófen*	בְּכָל אוֹפֶן
that is to say	*zot omeret*	זֹאת אוֹמֶרֶת
usually	*b'dérekh klal*	בְּדֶרֶךְ כְּלָל
apart from this	*khoots mizeh*	חוּץ מִזֶּה
it seems to me	*nidmeh li*	נִדְמֶה לִי

Exercise 56

Eric is having an argument with himself about whether to participate in a marathon from Jerusalem to Tel Aviv. Translate his thoughts:

אני רוצה לָרוּץ ואני חוֹשֵׁב שאני צָרִיךְ לָרוּץ כי אני אוֹהֵב לִהְיוֹת בחוץ. אבל בכל זאת אולי לא, כי הָיְתָה לי נזלת בשבת. אני בדרך כלל בסדר, אבל תל-אביב רחוקה מירושלים, וחוץ מזה קצת קר בחוץ. לא, אני לא רָץ, זאת אוֹמֶרֶת לא היום. נדמה לי שיש עוד מָרָתוֹן בעוד חודש.

Lesson 9

9.1 The verb 'to be'

As you already know, there is no verb 'to be' in the **present tense** (see 2.3). It does, however, exist in the past (or imperfect) tense. Its form in the past tense is not very different from that of all the verbs with roots ending in the letter ה (see 8.6):

I was (m & f)	*hayeéti*	הָיִיתִי
you (m) were	*hayeéta*	הָיִיתָ
you (f) were	*hayeét*	הָיִית
he was	*hayah*	הָיָה
she was	*haytáh*	הָיְתָה
we (m & f) were	*hayeénoo*	הָיִינוּ
you (m) were	*heyeétem (hayeétem)*	הֱיִיתֶם*
you (f) were	*heyeéten (hayeéten)*	הֱיִיתֶן*
they (m & f) were	*hayoo*	הָיוּ
Infinitive:	*lihyot*	לִהְיוֹת

NOTE: *These forms are grammatically correct, but the pronunciation is most commonly הָיִיתֶם, הָיִיתֶן.

Examples:

Ilana was in Tel Aviv yesterday.	אֶתְמוֹל הָיְתָה אילנה בְּתֵל-אָבִיב.
Where were you?	אֵיפֹה הֱיִיתֶם?
I want to be a doctor.	אני רוֹצֶה לִהְיוֹת רוֹפֵא.

9.2 The verb 'to have'

There is no verb 'to have' in any tense in Hebrew. In the present tense possession is expressed, as you have learned, by 'there is' + 'to': יֵשׁ ל (see 6.5). In the past tense the verb 'to be' is used in the same way. In place of יֵשׁ you have the verb היה.

Examples:

Ilana had an apple (m) [There was/ to Ilana/ an apple]	הָיָה לְאילנה תַפּוּחַ
Ilana had a banana (f) [There was/ to Ilana/ a banana]	הָיְתָה לְאילנה בָּנָנָה
Eric had an apple	הָיָה לְאריק תַפּוּחַ
Eric had a banana	הָיְתָה לְאריק בָּנָנָה
Ilana had three apples	הָיוּ לְאילנה שְׁלוֹשָׁה תַפּוּחִים
Eric had three bananas	הָיוּ לְאריק שָׁלוֹשׁ בָּנָנוֹת

As you can see from these examples, the gender and number of the verb forming 'to have' in the past tense are determined by the **object** of the English sentence (תַפּוּחַ, בָּנָנָה) and not by the **subject** (אריק, אילנה).

Exercise 57

Translate these sentences:

1 Ilana had (some) shoes.
2 He had 20 shekels.
3 Samuel had a cold.
4 We had a good meal.
5 You, Samuel and Eric, had a newspaper.
6 You, Eric, had a nice apartment.
7 Eric had tickets to the theatre.
8 They had a bottle of wine.
9 I had three friends.
10 She had a map.

9.3 'To have not'

If you want to negate the statements in 9.2, you simply put לֹא before the verb. For example:

Ilana didn't have (any) shoes	לֹא הָיוּ לְאילנה נַעֲלַיִם
He didn't have 20 shekels	לֹא הָיוּ לוֹ 20 שְׁקָלִים

Exercise 58

Repeat the sentences in Exercise 57 in the negative.

VOCABULARY

handbag (m)	*teek*	תִּיק
notebook (m)	*pinkas*	פִּנְקָס
small change (m)	*ódef*	עוֹדֶף
handkerchief (f)	*mitpákhat*	מִטְפַּחַת
police, police station (f)	*mishtarah*	מִשְׁטָרָה
policeman	*shoter*	שׁוֹטֵר
key - keys (m)	*mafteákh - maftekhot*	מַפְתֵּחַ - מַפְתְּחוֹת*
pen (m)	*ait*	עֵט
Verb (root & infintive)		
to hurt	*likh'ov*	כאב: לִכְאוֹב

NOTE: * The pronunciation of this noun in the singular is ***mafteákh***, and it has a feminine plural ending although it is a masculine noun.

Exercise 59

Shoshana has had her handbag stolen. She goes to the police station and tells her story to a policeman. The policeman asks her:
"מה הָיָה לָךְ בתיק?" ('What did you have in the handbag?')
and she lists the contents of the handbag. You help her by filling in the correct form of the verb:

1 — לי מפות.
2 — לי עודף.
3 — לי מטפחת.
4 — לי תַּפּוּחַ.
5 — לי דרכון.
6 — לי המחאות נוסעים.

The policeman helps her:

7 — לָךְ 100 שקלים.
8 — לָךְ בול.
9 — לָךְ עט.
10 — לָךְ מפתחות.

9.4 The verb 'to be' as past tense auxiliary

With 'cold' etc.

In section 7.6 you learned that you can't say 'I am cold' or 'I am warm' but you use the adjective ('cold') with the preposition and pronoun suffix 'to me': קַר + לִי.

He is cold [It is cold/ to him]	קַר לוֹ
They are warm [It is warm/ to them]	חַם לָהֶם
It hurts me [It is painful/ to me]	כּוֹאֵב לִי

To express these sentences in the **past** you use the verb היה 'was' as an auxiliary:

He was cold [It was/ to him/ cold]	הָיָה לוֹ קַר
They were warm [It was/ to them/ warm]	הָיָה לָהֶם חַם

The verb היה agrees with the adjectives (חַם, קַר) and not with the subjects (לָהֶם, לוֹ).

With 'must'

The verb צָרִיךְ 'must' (7.4) has no past tense and therefore היה is used with it as an auxiliary. צָרִיךְ itself is always in the present tense, followed by the infinitive:

He had to go to Jerusalem today	הוּא הָיָה צָרִיךְ לִנְסוֹעַ לִירוּשָׁלַיִם הַיּוֹם
She had to eat	הִיא הָיְתָה צְרִיכָה לֶאֱכוֹל

9.5 An irregular verb: 'give' in the past tense

The root נתן 'give' is irregular because the letter נ is regarded as a weak letter and is often dropped (see **Verbs** Grouping 9). In the past tense the second נ is dropped, except in the third person singular and plural:

I gave	*natáti*	אני נָתַתִּי
you (m sing) gave	*natáta*	אתה נָתַתָּ
you (f sing) gave	*natat*	את נָתַתְּ
he gave	*natan*	הוא נָתַן
she gave	*natnah*	היא נָתְנָה
we gave	*natánoo*	אנחנו נָתַנּוּ
you (m pl) gave	*n'tátem (natátem)*	אתם נְתַתֶּם*
you (f pl) gave	*n'táten (natáten)*	אתן נְתַתֶּן*
they gave	*natnoo*	הם/הן נָתְנוּ
Infinitive:	*latait*	לָתֵת

*Pronounced נָתַתֶּן, נָתַתֶּם.

Remember that the verb נתן must always be followed by the preposition ל. For example:

I gave Eric the newspaper	נָתַתִּי לְאֶרִיק אֶת הָעִיתוֹן
He gave it to me	הוּא נָתַן לִי אוֹתוֹ
We gave her (some) tomatoes	אנחנו נָתַנּוּ לָהּ עַגְבָנִיּוֹת
She gave him a bag	הִיא נָתְנָה לוֹ תִּיק

9.6 The preposition עִם *im:* 'with'

When the usual pronoun endings are added to עִם it changes to -אִת.

with me (m & f)	*itee*	אִתִּי
with you (m sing)	*itkha*	אִתְּךָ
with you (f sing)	*itakh*	אִתָּךְ
with him	*ito*	אִתּוֹ
with her	*itah*	אִתָּהּ
with us (m & f)	*itánoo*	אִתָּנוּ
with you (m pl)	*itkhem*	אִתְּכֶם
with you (f pl)	*itkhen*	אִתְּכֶן
with them (m)	*itam*	אִתָּם
with them (f)	*itan*	אִתָּן

Note that עִמִּי, עִמְּךָ, עִמּוֹ etc. are not incorrect, but they are less commonly used in everyday speech.

Try not to confuse אִתִּי ('with me', etc.) with אוֹתִי, the object pronoun. For example:

He is walking with me	הוא הוֹלֵךְ אִתִּי
He loves me	הוא אוֹהֵב אוֹתִי

VOCABULARY

a pain (m)	*k'ev*	כְּאֵב
head (m)	*rosh*	רֹאשׁ
a headache (m)	*k'ev rosh*	כְּאֵב רֹאשׁ
stomach (f)	*béten*	בֶּטֶן
what's the matter?	*mah yesh*	מַה יֵּשׁ?
what's the matter with you?	*mah yesh l'kha/lakh*	מַה יֵּשׁ לְךָ/לָךְ?
waiting room (m)	*khadar hamtanah*	חֲדַר הַמְתָּנָה

how old are you (m, f)?	*ben kámah atah, bat kámah at*	בֶּן כַּמָה אתה, בַּת כַּמָה את?
name (m)	*shem*	שֵׁם
falafel* (m)	*faláfel*	פָּלָפֶל
hospital (m)	*beit kholim*	בֵּית חוֹלִים
flu (f)	*shapá'at*	שַׁפַּעַת
closed (m, f, m pl, f pl)	*sagoor, s'goorah, s'goorim, s'goorot*	סָגוּר, סְגוּרָה, סְגוּרִים, סְגוּרוֹת
Friday evening (the Sabbath eve)	*érev shabat*	עֶרֶב שַׁבָּת
doctor (m, f)	*rofé, rof'ah*	רוֹפֵא, רוֹפְאָה
it is forbidden	*asoor*	אָסוּר
time (m)	*z'man*	זְמַן
temperature (m)	*khom*	חוֹם
ill (m, f)	*kholeh, kholah*	חוֹלֶה, חוֹלָה
thermometer (m)	*madkhom*	מַדְחוֹם
before	*lifnei she-*	לִפְנֵי שֶׁ-
after	*akharei she-*	אַחֲרֵי שֶׁ-
poor thing(s)!	*misken, miskenah, miskenim, miskenot*	מִסְכֵּן, מִסְכֵּנָה, מִסְכֵּנִים, מִסְכֵּנוֹת!

Verbs

to admit (to hospital)	*l'ashpez*	לְאַשְׁפֵּז**
to examine (root & inf)	*livdok*	בדק: לִבְדוֹק
to return (root & inf)	*lakhzor*	חזר: לַחֲזוֹר
to pray	*l'hitpalel*	לְהִתְפַּלֵּל**
(I) feel	*margeesh, margeeshah*	מַרְגִּישׁ, מַרְגִּישָׁה

NOTES: * This is a mixture of hummous, tehina sauce and fried chickpea balls served with salad in an envelope of pitta bread. Delicious!

** These are verb forms that you will not be studying in detail in this course, but some examples are important to know.

9.7 The relative pronoun -שֶׁ

English has several relative pronouns, the most commonly used being 'who', 'whom', 'which', 'that'. In the sentence 'The meal which I ate yesterday was very good', 'which' is the relative pronoun. In many cases in English you can omit the relative pronoun and say, for example, 'The meal I ate yesterday was very good'. In Hebrew the relative pronoun cannot be left out.

The prefix signifying the relative pronoun is identical to the conjunction -שֶׁ 'that' (see 8.3). The relative pronoun can also be expressed by the word אֲשֶׁר, but -שֶׁ is more commonly used. The above sentence in Hebrew would be:

הָאֲרוּחָה שֶׁאָכַלְתִּי אֶתְמוֹל הָיְתָה טוֹבָה מְאֹד

Other examples:

The film [that] he saw was good	הַסֶּרֶט שֶׁהוּא רָאָה הָיָה טוֹב
I have the map which was in Shoshana's bag	יֵשׁ לִי אֶת הַמַּפָּה שֶׁהָיְתָה בַּתִּיק שֶׁל שׁוֹשַׁנָּה
The doctor who examined me understands a lot	הָרוֹפֵא שֶׁבָּדַק אוֹתִי מֵבִין* הַרְבֵּה

*In American slang the doctor is a 'mayven', meaning he knows a lot about something. This is a corruption, through Yiddish, of the Hebrew verb מֵבִין.

The relative pronoun appearing with a preposition is a little more complicated. For example:

The house/ in which [where] he lives/ is large הַבַּיִת/ שֶׁהוּא גָּר בּוֹ/ גָּדוֹל

This is literally 'The house which he lives **in it** is large'. In English you simply add the preposition 'in' to 'which'. In Hebrew you also add the preposition, but it takes a pronoun ending.

Which bag? The handbag in which there were 100 shekels	אֵיזֶה תִּיק? הַתִּיק שֶׁהָיוּ בּוֹ 100 שְׁקָלִים
The people with whom he sat are nice	הָאֲנָשִׁים שֶׁיָּשַׁב אִתָּם נֶחְמָדִים

As you can see in these sentences, the preposition follows the verb. This is common usage, although a different word order is possible.

Exercise 60

Using the relative pronoun, join the two sentences given to make a single sentence and then translate it into Hebrew. For example, the first pair becomes: 'The table which is in the room is very beautiful'.

1 The table is in the room. It is very beautiful.
2 This is the handbag. I found it.
3 I saw the waiting room. The people were sitting in it.
4 Here is the friend. I sat with her.
5 This is a car. I rented it yesterday.
6 This is the chair. Eric wants to buy it.
7 Can you (m sing) see the doctor? He speaks English.
8 Here are the tomatoes and cucumbers. I made a salad with them.
9 Ilana gave me the change. It was in the room.

9.8 The verb כאב 'hurt'

There are two ways of expressing pain or hurting. The first is to use the **noun** כְּאֵב 'pain', as in, for example:

I have a headache	יֵשׁ לִי כְּאֵב רֹאשׁ
I had a headache	הָיָה לִי כְּאֵב רֹאשׁ
He had pain	הָיוּ לוֹ כְּאֵבִים

The second way is to use the **verb** כאב 'hurt' (infinitive לִכְאוֹב, 'to hurt') together with the preposition לְ:

I have a headache [my head hurts]	הרֹאשׁ כּוֹאֵב לִי (כּוֹאֵב לִי הָרֹאשׁ)
I had a headache [my head hurt]	הָרֹאשׁ כָּאַב לִי (כָּאַב לִי הָרֹאשׁ)
It hurts very much	זֶה מְאֹד כּוֹאֵב

Either of these two methods is equally acceptable.

Exercise 61

Translate the following passage:

אתמול אריק הלך לקופת-חולים כי היה לו כאב ראש וכאב בטן. שמואל הלך אִתו. שמואל שאל אותו: "מה יש לְךָ?" אבל אריק לא ענה לו. הם ישבו הרבה זמן על כסאות בחדר המתנה גדול שהיו בו הרבה אנשים וסוף-סוף בא הרופא ושאל את אריק מה היה לו ובדק אותו. אריק ענה שהיה לו קר והיה לו חם ושהיו לו כאבים. לא היו צריכים לאשפז את אריק כי הרופא אמר שהיתה לו שפעת. הוא גם אמר שֶׁאריק אכל יותר מדי פלפל ושֶׁאסור לו לֶאֱכול עוד. אחר-כך שמואל היה צריך לעבוד ואילנה והֶלֶן ישבו עם אריק בקופת חולים. הוא חזר אִתָּן למלון שֶׁהוא גר בו ואחרי שהן הלכו הוא הזמין תה ומיץ תפוזים .בעֶרֶב כבר לא היו לו כאבים. "אני מרגיש טוב," הוא אמר לאילנה בטלפון. "טוב שֶׁהָיִיתֶן אִתִּי." "אתה לא בא אִתנו לאכול פלפל!" היא אמרה.

Exercise 62

Translate the following sentences, but instead of the phrases in bold type ('the films', 'with Helen and Eric' etc.) use the object particle with the correct pronoun ending (7.5) or the appropriate preposition with pronoun ending.

Example: 1 (We saw **them** at the cinema.) אנחנו ראינו אוֹתָם בַּקולנוע.

1 We saw **the films** at the cinema.
2 Samuel went **with Helen and Eric** to the clinic.
3 I put **the wine** in bottles.
4 Mr Baron is building **the building** in Tel Aviv.
5 He is going **with Shoshana** to buy a notebook.
6 I like **the friends** and I worked with **the friends** in the office.
7 The doctor examined **Eric and me.**
8 After work he comes **with Eric and me** to drink a cup of tea.

9.9 The dual ending

In Hebrew, as well as singular and plural, there is a 'dual' form for things which occur in twos or pairs. You have already encountered some dual endings, such as פַּעֲמַיִם 'twice' and נַעֲלַיִם 'shoes'. Names for parts of the body which are dual and have dual endings are always feminine:

a hand – hands	יָד - יָדַיִם
a leg – legs	רֶגֶל - רַגְלַיִם
an ear – ears	אֹזֶן - אָזְנַיִם*
an eye – eyes	עַיִן - עֵינַיִם
a lip – lips	שָׂפָה - שְׂפָתַיִם

NOTE: *The plural is pronunced *oznáyim.*

Examples:

one hand	יָד אַחַת
beautiful eyes	עֵינַיִם יָפוֹת
red lips	שְׂפָתַיִם אֲדוּמּוֹת

With nouns in the dual form, the adjective must be in the plural form. Because the dual parts of the body are always feminine, the adjectives are feminine as well.

Even though 'teeth' do not occur in pairs, they have a dual ending in Hebrew: שִׁנַּיִם.

Often, particularly when unvocalized, the dual ending is written with a double י: ידיים, רגליים, יומיים.

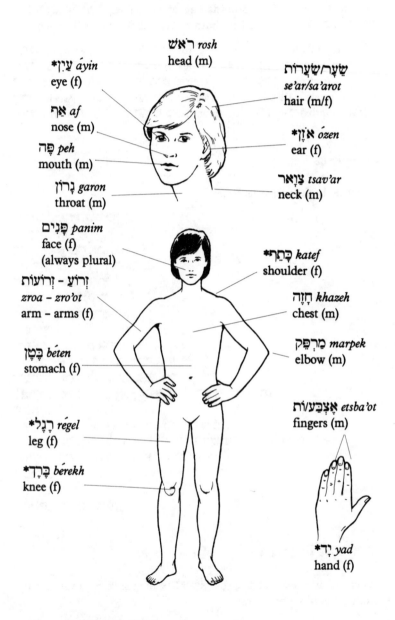

רֹאשׁ *rosh*
head (m)

*עַיִן *áyin*
eye (f)

אַף *af*
nose (m)

פֶּה *peh*
mouth (m)

גָּרוֹן *garon*
throat (m)

שֵׂעָר/שְׂעָרוֹת
se'ar/sa'arot
hair (m/f)

*אֹזֶן *ózen*
ear (f)

צַוָּאר *tsav'ar*
neck (m)

פָּנִים *panim*
face (f)
(always plural)

זְרוֹעַ – זְרוֹעוֹת
zroa – zro'ot
arm – arms (f)

בֶּטֶן *béten*
stomach (f)

*רֶגֶל *régel*
leg (f)

*בֶּרֶךְ *bérekh*
knee (f)

*כָּתֵף *katef*
shoulder (f)

חָזֶה *khazeh*
chest (m)

מַרְפֵּק *marpek*
elbow (m)

אֶצְבַּע/וֹת *etsba'ot*
fingers (m)

*יָד *yad*
hand (f)

*These nouns take the dual ending:
יָד, יָדַיִם; אֹזֶן, אָזְנַיִם; רֶגֶל, רַגְלַיִם; עַיִן, עֵינַיִם; בֶּרֶךְ, בִּרְכַּיִם; כָּתֵף, כְּתֵפַיִם

Some nouns have a dual form **instead of** a plural (e.g. נַעֲלַיִם, עֵינַיִם, אָזְנַיִם, רַגְלַיִם) while some have **both** plural and dual forms. For example:

יוֹם (day)	יָמִים (days)	יוֹמַיִם (two days)
שָׁנָה (year)	שָׁנִים (years)	שְׁנָתַיִם (two years)
פַּעַם (a time, once)	פְּעָמִים (times)	פַּעֲמַיִם (twice)
שָׁבוּעַ (week)	שְׁבוּעוֹת (weeks)	שְׁבוּעַיִם (two weeks)
חוֹדֶשׁ (month)	חוֹדָשִׁים (months)	חוֹדְשַׁיִם (two months)

Exercise 63

Translate the following dialogue:

רופאה: מה השם שלךָ?
אריק: אריק.
רופאה: איפה אתה גר?
אריק: במלון דָן, תל-אביב.
רופאה: אתה תַיָר?
אריק: כן. מניו-יורק.
רופאה: יש לך בִּיטוּחַ?
אריק: כן.
רופאה: בן כמה אתה?
אריק: אני בן 26. בת כמה את?
רופאה: אסור לשאול. עכשו, מה יש לך?
אריק: כּוֹאֵב לי הראש, וכּוֹאֶבֶת לי הבטן. חם לי וקר לי.
רופאה: מָדַדְתָ חוֹם?
אריק: כן. יש לי 38. אני לא מרגיש טוב.
רופאה: מסכן. זה לא טוב. אתה צריך לשתות הרבּה מיץ ותה.
אריק: את רוצה לשתות אִתי כוס תה?
רופאה: לא היום. יש לך שפעת. אתה חולה.
אריק: מחר?
רופאה: שלום, אריק.

9.10 The negative

When you negate a sentence you put לֹא before the verb, as you saw in section 9.3. More examples:

אני לֹא הָלַכְתִי לַקוּפַּת חוֹלים.
הוא לֹא מָדַד אֶת הַחוֹם.

But with negative words like 'nothing', 'no one' and so on Hebrew uses a double negative. In English it is correct to say 'I did nothing', not 'I didn't do nothing'. In Hebrew 'I didn't do nothing' is correct.

I did nothing *or* I didn't do anything	אני לֹא עָשִׂיתִי כלום
He saw no one *or* He didn't see anyone	הוא לֹא רָאָה אַף אֶחָד

Here are some common negative words:

never	*af pa'am*	אַף פַּעַם
nowhere	*b'shoom makom*	בְּשׁוּם מָקוֹם
nothing	*kloom, shoom davar*	כלום, שׁוּם דָּבָר
no one (m & f)	*af ekhad, af akhat*	אַף אֶחָד, אַף אַחַת

Exercise 64

Answer the questions (1 – 6) with the appropriate response (A - F).

1 מה ראיתָ במוזאון?
2 מה היה לאילנה בתיק שלה?
3 אתם רוצים עוד פלפל?
4 לאן הולך שמואל?
5 מי היה אתמול במשרד?
6 מתי אתם חוזרים לעיר העתיקה בירושלים?

A לא תודה. אנחנו לא רוצים כלום.
B הוא לא הלך לשום מקום.
C לא ראיתי כלום כי היה סָגוּר.
D לא היה אף אחד כי לא עובדים בשבת.
E אף פעם לא. אין לנו זמן לנסוע.
F לא היה לה שום דבר.

Exercise 65

Translate into Hebrew:

The tourists wanted to see the Western Wall on the eve of the Sabbath. This is the place where [which in it] many people come to pray. The tourists stood with them at the Wall. The girls were cold and they wanted to return to the hotel. The hotel is far from the Wall and one girl had a headache. There were no buses, no taxis, nothing, and she went to a café in which there were many chairs, but it was closed and there was no one in it. Afterwards all the tourists drank some tea and they were too warm!

Lesson 10

10.1 More verbs in the past tense

Group 2 verbs (pi'el)

These verbs, which you met in 4.2, have the letter מ before the three root-letters in the **present tense** and follow the pattern of דבּר (speak): מְדַבֵּר, מְדַבֶּרֶת, מְדַבְּרִים, מְדַבְּרוֹת. Other verbs of the *pi'el* group include (roots followed by masculine singular of present tense and by infinitive):

tour, stroll	*m'tayel, l'tayel*	טיל: מְטַיֵּל, לְטַיֵּל
play (a game)	*m'sakhek, l'sakhek*	שׂחק: מְשַׂחֵק, לְשַׂחֵק
play (music)	*m'nagen, l'nagen*	נגן: מְנַגֵּן, לְנַגֵּן
receive	*m'kabel, l'kabel*	קבּל: מְקַבֵּל, לְקַבֵּל
tell [to]	*m'saper, l'saper*	ספּר: מְסַפֵּר, לְסַפֵּר
teach	*m'lamed, l'lamed*	למד: מְלַמֵּד, לְלַמֵּד

In the **past tense** the root is no longer preceded by מ. As you have seen in other verb groups, the root is followed by suffixes, but note that the vocalization of the root differs from that of other verb groups in the past tense.

I spoke/have spoken	*dibárti*	דִּבַּרְתִּי*
you (m sing) spoke	*dibárta*	דִּבַּרְתָּ
you (f sing) spoke	*dibart*	דִּבַּרְתְּ
he spoke	*diber*	דִּבֵּר
she spoke	*dibrah*	דִּבְּרָה
we spoke	*dibárnoo*	דִּבַּרְנוּ
you (m pl) spoke	*dibártem*	דִּבַּרְתֶּם
you (f pl) spoke	*dibárten*	דִּבַּרְתֶּן
they spoke	*dibroo*	דִּבְּרוּ

NOTE: * This form is often written דִּיבַּרְתִּי (with י) in order to make it easier to read without vocalization.

Group 4 verbs (וֹ or ִי or וּ as middle root-letter)

These verbs, which you met in 8.2, form their **present tense** like גור 'live': גָּר, גָּרָה, גָּרִים, גָּרוֹת. Others in this group include the following (root and infinitive):

to put	שִׂים: לָשִׂים
to sing	שִׁיר: לָשִׁיר
to come	בּוֹא: לָבוֹא
to run	רוּץ: לָרוּץ

In the **past tense** the middle letter drops away altogether and you are left with two root-letters and the usual suffixes:

I lived (in the sense of 'dwelt')	*gárti*	גַּרְתִּי
you (m sing) lived	*gárta*	גַּרְתָּ
you (f sing) lived	*gart*	גַּרְתְּ
he lived	*gar*	גָּר
she lived	*gárah*	גָּרָה
we lived	*gárnoo*	גַּרְנוּ
you (m pl) lived	*gártem*	גַּרְתֶּם
you (f pl) lived	*gárten*	גַּרְתֶּן
they lived	*gároo*	גָּרוּ*

NOTE: *The construction of this verb in the third person plural, past tense, is identical to that of the verbs whose last root-letter is ה, such as רצה 'want' (our Group 3: see 8.6). Compare the third person plural, past tense, of these two verbs:

they wanted	*ratsoo*	הם רָצוּ
they ran	*rátsoo*	הם רָצוּ

The difference, as you can see, is in the stress.

Exercise 66

This is a simple drill. Repeat each sentence aloud, changing the tense and form of the verb according to each of the words given below it.

Example: 1 (first word) אתמול אני קִבַּלְתִּי (קיבלתי) מכתב.

1 הַיּוֹם אֲנִי מְקַבֵּל מִכְתָּב. (Today I receive a letter.)
אתמול - הוא - הם - אתה - עכשו

2 הַיּוֹם אילנה מְבַשֶּׁלֶת ארוּחַת-עֶרֶב. (Today Ilana is cooking dinner.)
אנחנו - בחודש שֶׁעבר - היא - אתם

3 אנחנו נוֹתְנִים הַרְבֵּה. (We give a lot.)
אתמול - אַתְּ - היום - הם - בשנה שֶׁעברה - הוא

10.2 Stative verbs

You have learned the present and past tenses of most of the commonly used verb groups. There is another class of verbs, called 'stative verbs', which generally describe a state of being rather than an action. The present tense is formed as follows:

I am, you are, he is happy (m sing)	אני, אתה, הוא שָׂמֵחַ*
I am, you are, she is happy (f sing)	אני, את, היא שְׂמֵחָה
we, you, they are happy (m pl)	אנחנו, אתם, הם שְׂמֵחִים
we, you, they are happy (f pl)	אנחנו, אתן, הן שְׂמֵחוֹת

*Note that this is pronounced *sa-mé-akh*.

Other verbs in this group (given in masculine singular) include:

hungry	רָעֵב
thirsty	צָמֵא
tired	עָיֵף
full	מָלֵא

Stative verbs have no infinitive. Most of these verbs do not have a past tense form, and even those that do more often use the verb היה ('was') as an auxiliary, as in English. The verb היה agrees in number and gender with the subject of the sentence, as does the stative verb that follows it, which is in the present tense form. For example:

He was hungry	הוא הָיָה רָעֵב
We were thirsty	אנחנו היינו צְמֵאִים
Ilana was happy	אילנה הָיְתָה שְׂמֵחָה
They (m) were very tired	הם הָיוּ עֲיֵפִים מאֹד
The restaurants were full	הַמִּסְעָדוֹת הָיוּ מְלֵאוֹת

Exercise 67

Translate the following sentences:

1 We've toured [in] this city for a long [lot of] time.
2 He has come to live with me.
3 Mr Baron's mother sang because she wanted to sing.
4 Eric received 100 shekels that were in Shoshana's handbag.
5 The young men were playing football (כַּדּוּרֶגֶל) near the sea.
6 I heard that Yitzhak Perlman (יִצְחָק פֶּרְלְמַן) played Beethoven's music in a concert.
7 Shoshana gave Eric a notebook and he was very happy.
8 Ilana taught us Hebrew.

9 He gave us (some) falafel because we were hungry.
10 They told us about (עַל) Jerusalem.

Exercise 68

Repeat the following passage, putting the verbs into the past tense. A translation is given in the key.

אריק בָּא לישראל ביום חמישי בשעה 8 בבוקר. הוא מאד שָׂמֵחַ. הוא מיד
הולך למלון "דן" ומְבַקֵּשׁ חֶדֶר עם אמבטיה כי הוא עָיֵף. אחר-כך הוא
והחֲבֵרָה שלו מְטַיְּלִים ברחוב. בשעה 10 החברה יושבת בבית-קפה
ושותָה תֵּה כי היא צְמֵאָה. היא נותנת לאריק כוס מיץ. היא מְשַׁלֶּמֶת
כי אין לאריק כסף! אין לו כלום בתיק שלו. החברים לא מְדַבְּרים אנגלית
.(English)

10.3 Adverbs

Adverbs are created by using the **masculine singular** form of the adjective. For example, טוֹב is both the adjective 'good' (m sing) and the adverb 'well'. יָפֶה as an adjective means 'beautiful' (m sing) and as an adverb means 'beautifully/nicely'.

However, note that the adverb, unlike the adjective, does **not** change its form according to the number and gender of the verb whose action it describes. It always remains in the masculine singular, regardless of the number and gender of the subject of the sentence.

Examples:

He speaks Hebrew (f) well	הוא מְדַבֵּר עִבְרִית טוֹב
You (m pl) speak Hebrew well	אתם מְדַבְּרִים עִבְרִית טוֹב
They sang beautifully	הם שָׁרוּ יָפֶה
Helen also sang beautifully	גָם הלן שָׁרָה יָפֶה
We sang beautifully	אנחנו שַׁרְנוּ יָפֶה

Be careful! How do you translate הִיא מְדַבֶּרֶת עִבְרִית טוֹבָה? (Answer in the key.)

VOCABULARY

house – houses (m)	*báyit – batim*	בַּיִת - בָּתִּים
the Soviet Union	*brit hamo'atzot*	בְּרִית הַמּוֹעָצוֹת
life (m; always plural)	*khayim*	חַיִּים
other, others	*akherim*	אֲחֵרִים
here is, here are	*híneh*	הִנֵּה
(to) here	*hénah*	הֵנָּה
together	*yákhad*	יַחַד
you're right (m, f sing)	*atah tzodek, at tzodéket*	אתה צוֹדֵק, אַתְּ צוֹדֶקֶת
correct (adj; m, f, m pl, f pl)	*nakhon, n'khonah*, etc.	נָכוֹן, נְכוֹנָה, נְכוֹנִים, נְכוֹנוֹת
already	*kvar*	כְּבָר
a little	*k'tzat*	קְצָת
a pity, it's a pity	*khaval*	חֲבָל
quickly	*maher*	מַהֵר
good luck!	*b'hatslakhah*	בְּהַצְלָחָה!
book – books (m)	*sefer – sfarim*	סֵפֶר - סְפָרִים
Verbs (root & infinitive)		
to learn, to study	*lilmod*	למד: לִלְמוֹד
to read	*likro*	קרא: לִקְרוֹא*
to find	*limtso*	מצא: לִמְצוֹא*

NOTE: * These verbs are regular and like ירד (Group 1) except for the feminine singular, present tense, which is *(koret, motzet)* קוֹרֵאת, מוֹצֵאת.

Exercise 69

Translate the following dialogue into English:

מוֹכֵר הָעִיתוֹנִים: בוקר טוב. מה לָתֵת לְךָ?
אריק: בוקר טוב. יש לך עיתון באנגלית בבקשה?
מ.ה.: כן, אבל למה לא למדת לקרוא עברית?
אריק: כי אני בישראל רק שבועיים. עוד לא למדתי כלום.
מ.ה.: טוב מאד. עכשו אני מספר לך על החיים שלי. אני
באתי לישראל מברית המועצות. לא - זה כבר לא נכון.
מֵרוּסְיָה (Russia). אני הייתי שמח מאד לבוא הֵנָּה.
לא לימדוּ עברית באוניברסיטה של מוֹסְקְוָה (Moscow)
ולא היו לי ספרים בעברית ולמדתי בבית שלי עם חבר.
עבדנו קשה מאד והיינו עֲיֵפים אבל בסוף ידענו עברית
טוב ודיברנו נכון. היו אחרים שרצוּ לדבר עברית והם

באו לבית שלנו ולימדנו אותם מהר. הם היו רעבים וצמאים, היה קר, לא היה להם אוכל, אבל היו להם ספרים. כן, היו להם ספרים! סוף-סוף הם כולם דיברו עברית יפֶה ואנחנו באנו לישראל ביחד. עכשו אנחנו יכולים לקרוא עיתונים בעברית.

אריק: זה יפה מאד. אבל למה אתה מוכר עיתונים? למה אתה לא מלמֵד?

מ.ה.: כי אין עבודה. הרבה אנשים באו מברית המועצות לישראל.

אריק: אין עבודה וכבר אין ברית המועצות.

מ.ה.: עכשו אתה צריך ללכת ללמוד קצת עברית. אתה לא יכול לגור בישראל בלי עברית. הרבה אנשים מדברים אנגלית אבל לא בתאטרון, לא בטֶלֶוִיזְיָה ולא ברַדְיוֹ. לא מספיק לדבּר ברחוב.

אריק: אתה צודק. תן לי בבקשה עיתון בעברית.

מ.ה.: יש לי עיתון בעברית קלה. בהצלחה! שלום.

VOCABULARY

postcard (f)	*glooyah*	גְלוּיָה
airmail	*do'ar aveer*	דּוֹאַר אֲוִיר
post, post office (m)	*do'ar*	דּוֹאַר
aerogramme (f)	*igéret aveer*	אִגֶּרֶת אֲוִיר
stamp (m)	*bool*	בּוּל
thing (m)	*davar*	דָּבָר
wife, woman	*ishah*	אִשָּׁה
for	*ba'ad*	בְּעַד
see you soon!	*l'hitra'ot*	לְהִתְרָאוֹת

Exercise 70

In the following dialogue between Helen and a post office clerk, the clerk's part has been left out. Take his part. There can be no single correct answer to this exercise, but Helen's replies will give you a good idea of what the clerk has said. We give a suggested solution and translation in the key.

הלן: שָׁלום, אני מבקשת בּולים.
פָּקִיד:
הלן: לברית המועצות, בבקשה.
פקיד:
הלן: כן. אתה צודק, אין ברית המועצות. רוּסְיָה (Russia) בבקשה.
פקיד:
הלן: רק מכתב אחד. אבל אני צריכה גם עוד בולים.
פקיד:
הלן: בולים לשני מכתבים.
פקיד:
הלן: לניו יורק. אני רוצה גם . . . אתה מדבר אַנְגלית?
פקיד:
הלן: חֲבָל. אני מחפשת דבָר שֶׁכותבים בּוֹ מכתב.
פקיד:
הלן: לא, לא גלויה. כותבים בּוֹ את המכתב . . .
פקיד:
הלן: כן, כן, אגרת אויר. 6 בבקשה.
פקיד:
הלן: אני מלונדון.
פקיד:
הלן: אתה רוצה לְלַמֵד אותי עברית! למה? אני לא מדברת יפֶה?
פקיד:
הלן: אני מבינה: כי אתה רוצה ללמוד אנגלית! בסדר. אני לומדת עברית ואתה לומד אנגלית.
פקיד:
הלן: יש לי זמן ביום רביעי בבוקר.
פקיד:
הלן: אתה רוצה לבוא עם האִשָּׁה שלךָ. זה בסדר. עכשָׁו, כמה אני צריכה לשלם לך?
פקיד:
הלן: טוב. הנה 10 שקלים. תודה רבה. להתראות ביום רביעי.

VOCABULARY

soup (m)	*marak*	מָרָק
menu (m)	*tafreet*	תַּפְרִיט
bill (m)	*kheshbon*	חֶשְׁבּוֹן
helping, course (m)	*manah*	מָנָה
waiter, waitress	*meltzar, meltzareet*	מֶלְצָר, מֶלְצָרִית
hummous*	*khoómoos*	חומוס

tehini**	t'khínah	טְחִינָה
chicken, poultry (m)	off	עוֹף
when (conjunction)	ka'asher	כַּאֲשֶׁר
enjoy your meal!	b'tayavon	בְּתֵאָבוֹן!
fish (m)	dag	דָג
meat (m)	basar	בָּשָׂר
alone	l'vad	לְבַד

NOTES: *This is a paste made of chickpeas, olive oil and tehini.

**This is a creamy paste made of mashed sesame seeds.

Exercise 71

Mr Baron's mother is talking on the telephone. Repeat her monologue in Hebrew.

I must tell you (f) about the new restaurant in Tel Aviv. I went to eat there yesterday. I said to the waiter: 'Give me the menu, please'. He came and gave me the bill! I was very hungry so [and] I ordered a portion of soup, which I ate [or and I ate it]. Afterwards I went to look for the toilets, and when I returned I found two portions of fish on my table. What could I do? [What to do?] I ate them. Yes, that's what I said. My friend, Michael, who came at 8.30 with his wife, saw me. The restaurant was full, so [and] they came and sat with me. He ordered (some) meat and vegetables and she ordered chicken. It isn't nice to eat alone, so [and] I told [said to] the waiter that I wanted a little as well. Don't you understand me? Meat! When I asked for the bill, the waiter gave me the menu. What could I do? I ordered a portion of fruit salad. We were thirsty, so [and] we drank (some) coffee. We ate very well; but finally, when I saw the bill I said to Michael's wife: 'The time is coming to [for a] diet!'

Exercise 72

There is no single answer to this exercise, but the instructions are explicit. Obey the underlined instructions:

You are in a restaurant with friends. Ask the waiter for the menu. Tell him you are hungry and your friends are thirsty. When he delays, ask the waitress to give you the menu. Order two portions* of hummous, two portions of vegetable soup, two portions of chicken and one portion of fish. She gets it wrong. Tell her you ordered *two* portions of soup. Say "good appetite!" to your friends. Tell the waitress the food is good and you (pl) have eaten well. Ask her for the bill. Tell your friends that you (pl) have to pay 101 shekels. You pay, but the waitress gives you another bill. Tell her she is not right and you (sing) have already paid.

NOTE: *Instead of translating 'two portions' שְׁתֵּי מָנוֹת, you can translate it as פַּעֲמַיִם: פַּעֲמַיִם עוֹף בְּבַקָּשָׁה.

10.4 Occupations

These common occupations are given in the masculine and then the feminine forms:

waiter, waitress	*meltsar, meltsareet*	מֶלְצָר, מֶלְצָרִית
writer	*sofer, soferet*	סוֹפֵר, סוֹפֶרֶת
electrician	*khashmala'ee, khashmala'eet*	חַשְׁמַלָּאִי/ת
pilot	*tayas, tayéset*	טַיָּס*, טַיֶּסֶת*
teacher	*moreh, morah*	מוֹרֶה, מוֹרָה
banker	*banka'ee, banka'eet*	בַּנְקָאִי/ת
secretary	*mazkeer, mazkeerah*	מַזְכִּיר, מַזְכִּירָה
plumber	*shravrav, shravraveet*	שְׁרַבְרַב, שְׁרַבְרַבִית
lawyer	*órekh, orékhet din*	עוֹרֵךְ/עוֹרֶכֶת דִּין
air steward(ess)	*dayal, dayélet*	דַּיָּל*, דַּיֶּלֶת*
engineer	*m'handes, m'handéset*	מְהַנְדֵּס, מְהַנְדֶּסֶת
nurse	*akh, akhot*	אָח, אָחוֹת
chartered accountant	*ro'eh/ro'at kheshbon*	רוֹאֶה/רוֹאָת חֶשְׁבּוֹן
manager	*m'nahel, m'nahélet*	מְנַהֵל, מְנַהֶלֶת
farmer	*khakla'ee, khakla'eet*	חַקְלַאי, חַקְלָאִית
doctor	*rofe, rof'ah*	רוֹפֵא, רוֹפְאָה
dentist	*rofe/rof'ah shináyim*	רוֹפֵא/רוֹפְאָה שִׁנַּיִם

NOTE:*Unvocalized, these words can be written with the double יי.

Exercise 73

Places of work are given on the left (A - M) in an order which is unrelated to the order of the occupations on the right (1 - 15). For each occupation, answer the question: ?—איפה עובד There may be more than one answer for an occupation, or two occupations may be located in the same place.

1 חשמלאי
2 רופא
3 מורה
4 טייס
5 מזכירה
6 אחות
7 מהנדס
8 בנקאית
9 אכר
10 דיילת
11 מלצר
12 פקיד
13 מנהל
14 שרברב
15 סופר

A בַּיִת (house, m)
B מִשְׂרָד
C מָטוֹס (aircraft, m)
D דוֹאַר
E מִסְעָדָה
F בֵּית סֵפֶר (school, m)
G שָׂדֶה (field, m)
H חֲנוּת
I בִּנְיָן
J בֵּית חוֹלִים
K בַּנְק
L רְחוֹבוֹת
M שְׂדֵה תְעוּפָה

Revision lesson

Now that you have reached two-thirds of the way through the course, you should take another look back over what you have learned before continuing. Here are some exercises to help you do that.

Exercise 74

Obey the instructions:

(a) Translate the sentence on the right, and then translate it again in the past tense.

I am happy because I don't have to work.

(b) Join these two sentences, using the relative pronoun, and then translate the new sentence.

The young man didn't have to work.
He was happy.

(c) Translate these sentences, and then translate them again using Ilana as the subject.

Eric worked well.
His work was very good.

(d) Translate the sentence, and then translate it again, this time negating it in as many ways as are possible.

It's good that you've lived in Jerusalem for a long time, Samuel.

(e) Translate the sentence, and then translate it again in the past tense and in the first person plural.

I never work because I don't do anything.

Exercise 75

First translate the following passage as it is. Then translate **only** the note received by Ilana, cutting out each 'must' and this time in the past tense:

Ilana received a letter:

> I must meet you today, Thursday, at 2.30. You must come alone. You must not tell anyone. There is a restaurant and next to the kitchen in the restaurant there are two small chairs. I sit on one chair and you sit on the second chair. Afterwards you sit with me and we drink some coffee and we speak. You give me your handbag. Inside your handbag there is a ticket which you have received in the post. I want to see that ticket. You give it to me. There are lots of people in the restaurant.

This is what Ilana told [to] me. She went to the restaurant and met a young man there. When she gave him her handbag he saw the ticket and gave her a big prize (פְּרָס)!

Exercise 76

Answer the following questions. There is more than one possible answer to some of the questions and your answers may be different from ours.

1 איפה עובד דָּוִל?
2 איפה אוכלים?
3 איפה קונים בולים ואגרות אוויר?
4 לאן הולכים כאשר לא מרגישים טוב?
5 עם מי מדברים כאשר לא מרגישים טוב?
6 איזה יום בא לפני יום שלישי?
7 כמה חודשים בשנה?
8 איך אפשר לומר "שני שבועות"?
9 מה אפשר לשתות?
10 בְּמה אפשר לנסוע?

Exercise 77

First fill in the blanks from the list of words below. Then say the passage with all the verbs in the **past tense**.

ביום ראשון בשעה 5 התיירים באים לשחק — הם משחקים בתל-אביב.
הם לא יודעים מה לעשות ושמואל צריך — אותם. התיירים — מהר מאד
כי שמואל מורה טוב. הם רצים הרבה ואחר כך חם להם והם צמֵאים ו —
לשתות. אילנה באה לראות אותם. היא — אתם ואחר-כך הם — שרים.
הם מקבלים פרס טוב מאד כי הם משחקים — אחר-כך הם אוכלים
ארוחה —

לוֹמְדִים, מְדַבֶּרֶת, רוֹצִים, טוֹב, כּוּלָם, כָּדוּרֶגֶל, טוֹבָה, לְלַמֵּד

Exercise 78

Make sentences with the parts of the body indicated by the letters (see 9.9), using the verb כאב 'hurt' in the present tense (see 9.8).
Example: A (My head hurts.) כּוֹאֵב לִי הָרֹאשׁ

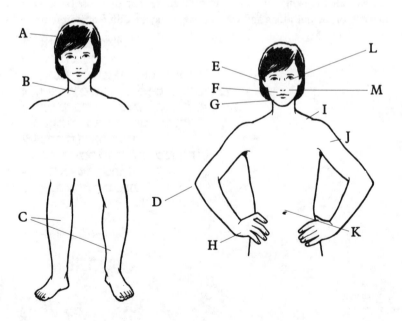

Lesson 11

11.1 More uses of the infinitive

The infinitive was introduced in 4.3 and some of its uses were covered in 7.4. Other expressions using the infinitive are the following:

'Worthwhile'

The infinitive is used after כְּדַאי *(k'dye)* 'it is worth/worthwhile', where English uses the '-ing' form. For example:

It's worth buying travellers' cheques	כְּדַאי לִקְנוֹת הַמְחָאוֹת נוֹסְעִים
It's worth shopping in the morning	כְּדַאי לַעֲשׂוֹת קְנִיוֹת בַּבּוֹקֶר

The word 'worthwhile' can also be used in the past, by adding היה:

It was worth buying travellers' cheques	היה כדאי לקנות המחאות נוסעים
It wasn't worth shopping in the morning	לא היה כדאי לעשות קניות בבוקר

Requests

'Please' (בבקשה) followed by the infinitive ('please to ...') constitutes a request. For example:

Please order food	בְּבַקָּשָׁה לְהַזְמִין אוֹכֶל
Please sit down	בְּבַקָּשָׁה לָשֶׁבֶת
Please do not smoke	בְּבַקָּשָׁה לֹא לְעַשֵּׁן

As you can see from the last example, adding לא negates the request. It also negates sentences using כדאי:

Please don't stand in the bus	בבקשה לא לעמוד באוטובוס
Please don't sit down	בבקשה לא לשבת
It's not worth buying travellers' cheques	לא כדאי לקנות המחאות נוסעים
It's not worth shopping in the morning	לא כדאי לעשות קניות בבוקר

Exercise 79

Translate the following sentences.

1 Please pay the waiter, Eric.
2 Friends, please sit on these chairs.
3 Is it worth buying a thermometer?
4 Please read the newspaper quickly, Ilana.
5 It wasn't worth going to the central station.
6 Please don't eat all the food!
7 Is it worth touring the Negev?
8 Please don't talk English.

Exercise 80

This a revision exercise on infinitives. You are given simple sentences. Change each one, according to the word(s) in brackets.

Example: You are given: הם מעשנים באוטובוס. (בבקשה לא)
You change this to: בבקשה לא לעשן באוטובוס.

1 היא מדברת עברית. (בבקשה)
2 אנחנו הולכים לקופת חולים. (בבקשה)
3 הם נסעו לקיבוץ. (כדאי)
4 הוא יושב על השולחן. (בבקשה לא)
5 את חוזרת מאמריקה. (בבקשה)
6 אתה גר בירושלים. (כדאי)
7 אתם למדתם בבית ספר. (כדאי)
8 אני יורד לים. (בבקשה)
9 אנחנו עומדים על הכסאות. (בבקשה לא)
10 היא משלמת הרבה. (לא כדאי)

VOCABULARY

gift (f)	*matanah*	מַתָּנָה
silence (m)	*shéket*	שֶׁקֶט
south (m)	*darom*	דָּרוֹם
desert (m)	*midbar*	מִדְבָּר
north (m)	*tzafon*	צָפוֹן
birthday (m)	*yom hoolédet*	יוֹם הוּלֶדֶת
party (f)	*m'sibah*	מְסִיבָּה
again	*shoov*	שׁוּב

11.2 'Still, more'

There are many expressions that use the word עוֹד 'still, more':

more, still	*od*	עוֹד
not yet	*od lo*	עוֹד לֹא
what else?	*mah od?*	מַה עוֹד?
again	*od pa'am*	עוֹד פַּעַם
who else?	*mee od?*	מִי עוֹד
shortly, soon	*od m'at*	עוֹד מְעַט

Exercise 81

Complete the sentences using appropriate words or phrases from 11.2.

1 נתתי לך כוס בירה ... ... אתה רוצה?
2 מר בר-און ושושנה עושים מסיבה. אילנה ושמואל באים. ... ... בא?
3 אכלנו מספיק. אנחנו לא רוצים ... מנה.
4 אריק היה כבר פעמַיים בגליל, אבל הוא נוסע לשם ... .
5 המטוס ... ... מגיע מפָּרִיז (Paris).*
6 איפה מר בר-און? יש לו פגישה אבל הוא ... ... חוזר מהעיר.
7 יש ... הרבה אנשים בחדר ההמתנה.

NOTE: * There are two possible answers.

Exercise 82

Eric doesn't know that his friends have arranged a birthday party for him. Translate the conversation into Hebrew.

Samuel: Quiet, please. Eric is coming soon.
Shoshana: What have you given him as a present?
Samuel: I gave him a bottle of Carmel wine. And you?
Shoshana: We gave him a book about the State of Israel.
Samuel: Please don't speak! Eric will soon be here [Eric's coming soon].
Mr Baron: He hasn't arrived yet. I gave him a very nice present. A ticket to travel in a bus to Sodom, to the desert.
Shoshana: But it's still very hot in Sodom, in the south.
Mr Baron: Eric has already been in the north, in Galilee. He hasn't been to the desert yet. It's worth seeing the south as well and not the north again.
Samuel: Please sing! Eric's coming.

They sing: 'Today's a birthday ...'*
Eric: Please don't sing! Today isn't my birthday yet. But thank you for all the beautiful presents you've given me!

NOTE: *This is the Hebrew version of 'Happy birthday to you'.

11.3 The future tense

In Hebrew, verbs form the future tense by adding both prefixes and suffixes to the verb root. As in the past tense, there is one form for each person. The prefixes and suffixes are the same for all verbs, but very often the vocalization - and therefore the pronunciation - of verbs is altered according to the kind of letters constituting the root. For example, guttural letters (see Lesson 1) and weak letters such as נ and י cause problems in the formation of the future tense. For this reason, only the most commonly used verbs will be given to you in the future tense. Once you have learned the pattern of the prefixes and suffixes, you will easily be able to add more verbs in the future tense at a later stage.

Group 1 verbs without guttural or weak letters

Examples:

close	סגר
measure	מדד
examine	בדק
write	כתב

Future tense:

I (m & f) shall close	*esgor*	אני אֶסְגוֹר
you (m sing) will close	*tisgor*	אתה תִסְגוֹר*
you (f sing) will close	*tisg'ree*	את תִסְגְרִי
he will close	*yisgor*	הוא יִסְגוֹר
she will close	*tisgor*	היא תִסְגוֹר*
we (m & f) shall close	*nisgor*	אנחנו נִסְגוֹר
you (m pl) will close	*tisg'roo*	אתם תִסְגְרוּ
you (f pl) will close	*tisg'roo*	אתן תִסְגְרוּ**
they (m) will close	*yisg'roo*	הם יִסְגְרוּ
they (f) will close	*yisg'roo*	הן יִסְגְרוּ**

NOTES: *Generally, because the prefixes and suffixes are specific to each person, you do not need to use the pronouns. You may have noticed that the pronouns have very often been dropped from the verbs in past tense examples. However, because the

masculine singular second person (אתה) and the feminine singular third person (היא) are the same in the future tense, you will have to use the pronoun if it is not clear whom the sentence refers to.
**These feminine plural forms are grammatically incorrect, but are used in ordinary conversation. The correct grammatical form, which is still found in literary texts, is the following: תִּסְגּוֹרְנָה *[tisgornah]* 'you/they (f pl) will close'.

Group 3 verbs: roots ending in ה

Examples:

be	היה	build	בנה	see	ראה
want	רצה	turn	פנה	buy	קנה

Future tense:

I (m & f) shall buy	*ekneh*	אני אֶקְנֶה
you (m sing) will buy	*tikneh*	אתה תִקְנֶה
you (f sing) will buy	*tiknee*	את תִקְנִי
he will buy	*yikneh*	הוא יִקְנֶה
she will buy	*tikneh*	היא תִקְנֶה
we (m & f) shall buy	*nikneh*	אנחנו נִקְנֶה
you (m pl) will buy	*tiknoo*	אתם תִקְנוּ
you (f pl) will buy	*tiknoo*	אתן תִקְנוּ
they (m) will buy	*yiknoo*	הם יִקְנוּ
they (f) will buy	*yiknoo*	הֵן יִקְנוּ

The first person plural of the future tense is also used for 'let's' or 'let us', as in:

Let's drink some wine!	נִשְׁתֶּה יין
Let's buy a present for Eric	נִקְנֶה מתנה לאריק

11.4 Future tense of 'to be'

Infinitive: to be	*l'hiyot*	לִהְיוֹת
Future tense:		
I (m & f) shall be	*ehyeh*	אֶהְיֶה
you (m sing) will be	*tihyeh*	תִהְיֶה
you (f sing) will be	*tihyee*	תִהְיִי
he will be	*yihyeh*	יִהְיֶה
she will be	*tihyeh*	תִהְיֶה
we (m & f) shall be	*nihyeh*	נִהְיֶה

you (m & f) will be	*tihyoo*	תִּהְיוּ
they (m & f) will be	*yihyoo*	יִהְיוּ

This verb is used in the future tense exactly as in the past (see 9.1). It is also used together with the pronoun ל to express 'have', as in the past tense (see 9.2), with the verb agreeing with the **object** of the sentence instead of the subject. For example:

They will have a car (f)	תִּהְיֶה לָהֶם מְכוֹנִית
Ilana will have (some) money (m)	יִהְיֶה לְאִילנה כֶּסֶף
Eric will have many presents	יִהְיוּ לְאֶריק הַרְבֵּה מַתָּנוֹת

(If you are a grammatical purist, the last sentence will be:
תִּהְיֶינָה לְאריק הַרְבֵּה מַתָּנוֹת)

The verb 'to be' is used as an auxiliary in the future exactly as in the past tense (see 9.4). For example:

It will be worth seeing Jerusalem	יִהְיֶה כְּדַאי לִרְאוֹת אֶת יְרוּשָׁלַיִם
He'll be cold in the desert at night	יִהְיֶה לוֹ קַר בַּמִּדְבָּר בַּלַּיְלָה
They will be very hungry after their journey	הֵם יִהְיוּ רְעֵבִים מְאֹד אַחֲרֵי הַנְּסִיעָה שֶׁלָּהֶם

Exercise 83

This is a 'for fun' exercise. How many of these famous quotations, expressions and phrases can you recognize? A list of clues and sources (in a different order) is given to help you. You will not know all the words, but you should recognize enough to enable you to identify the quotation or phrase. Because many of the words are unfamiliar, the exercise is fully vocalized. Translations are given in the key.

1 תֵּן לִי חֵרוּת אוֹ תֵּן לִי מָוֶת.
2 לִהְיוֹת אוֹ לֹא לִהְיוֹת - זוֹהִי הַשְּׁאֵלָה.
3 לֹא נִכָּנַע לְעוֹלָם!
4 מַה שֶּׁיִּהְיֶה יִהְיֶה.
5 בָּאתִי, רָאִיתִי, כָּבַשְׁתִּי.
6 שֶׁיִּהְיֶה.
7 אִם אֵין אֲנִי לִי, מִי לִי?
8 אֲנִי רוֹצָה לִהְיוֹת לְבַדִּי.
9 נַגֵּן אֶת זֶה עוֹד פַּעַם [שׁוּב], סֶם.

an Italian saying; a line (which was never said) from a famous film; Rabbi Hillel; the title of a Beatles song; Winston Churchill; Patrick Henry; Shakespeare; Greta Garbo; Julius Caesar

Exercise 84

In Lesson 9 (Exercise 59) Shoshana had her handbag stolen. She went to the police station to make a complaint. She said:

היו לי מפות, היה לי עודף, היתה לי מטפחת, היה לי תפוח, היה לי דרכון, היו לי 100 שקלים, היו לי המחאות נוסעים, היה לי בול, היה לי עט, היו לי מפתחות.

She now sadly tells the policeman what the thief will have. List all the above items, using the future tense.
Example: יִהְיוּ לו מפות

VOCABULARY

rain – rains (m)	*géshem – g'shamim*	גֶשֶׁם - גְשָׁמִים
summer (m)	*káyitz*	קַיִץ
winter (m)	*khóref*	חוֹרֶף
snow (m)	*shéleg*	שֶׁלֶג
height (m)	*góvah*	גוֹבַה
water (m pl)	*máyim*	מַיִם*
cool (adj)	*karir*	קָרִיר
spring (m)	*aviv*	אָבִיב
sun (m & f)	*shémesh*	שֶׁמֶשׁ
wind (f)	*roóakh*	רוּחַ
valley – valleys (m)	*eímek – amakim*	עֵמֶק - עֲמָקִים
form (f)	*tsoorah*	צוּרָה
area (m)	*shetakh*	שֶׁטַח
climate (m)	*akleem*	אַקְלִים
for example	*l'mashal*	לְמָשָׁל
river (m)	*náhar*	נָהָר
rich (m sing)	*asheer*	עָשִׁיר
dry (m sing)	*yavesh*	יָבֵשׁ
light (adj)	*kal*	קַל
weather (m)	*mézeg avir*	מֶזֶג אֲוִיר
fine (adj)	*na'eh*	נָאֶה
skiing (m)	*ski*	סְקִי**
young	*tsa'eer, ts'eerah, ts'eerim, ts'eerot*	צָעִיר, צְעִירָה, צְעִירִים, צְעִירוֹת
mountain (m)	*har*	הַר
jogging (m)	*jogging*	ג'וֹגִינְג***

running	*reetsah*	רִיצָה
just so, for no reason	*stam*	סְתָם
landscape, view (m)	*nof*	נוֹף
up	*l'ma'lah*	לְמַעְלָה
down	*l'matah*	לְמַטָּה
tomorrow	*makhar*	מָחָר

NOTES: * This is always in the plural, therefore any adjectives must also be in the plural. For example: 'cold water' מַיִם קָרִים.

** 'To ski' is לַעֲשׂוֹת סקי.

*** This can only appear as the noun 'jogging'. However, the verb 'jog' is translated by the root רוץ in all its forms. For example: 'He jogs 10 kilometres every day':

הוא רָץ עשרה קילומטר כָּל יום.

But 'The young man who liked jogging ran 10 kilometres every day' is

הבחור שאהב ג'וגינג רץ עשרה קילומטר כל יום.

Exercise 85

You have done similar drills in previous lessons. Change the sentences according to the words given below them.

Example: 1 First change: אֶתְמוֹל אִילָנָה סָגְרָה את הַדִּירָה.

(Yesterday Ilana closed the apartment.)

1 היום אילנה סוֹגֶרֶת את הדירה.
אתמול - אנחנו - מחר - שמואל - הם - לפני שבוע - את - ביום שישי

2 הם קָנוּ דברים יפים בחנות. (They bought beautiful things in the shop.)
עכשו - מחר - אילנה - הן - הוא - אתמול - אנחנו

Exercise 86

Translate the conversation:

הלן: כדאי לנסוע לאֵילַת* בחודש אוגוסט?
שמואל: לא. חם מאד באילת.
הלן: יורד גשם בקיץ?
שמואל: לא, אין גשם בקיץ. בחורף יורד גשם בצפון. כדאי לבקר בצפון לפני החורף.
הלן: ושלג?

שמואל: כן, שלג יורד בצפון וגם בירושלים, כי ירושלים בגובה של 730 מֶטְרִים. קר מאד בירושלים בחורף אבל בקיץ קריר רק בבוקר ובערב. ב1992 היה בירושלים חורף קשה מאד. בחיפה יורד גשם בחורף.

הלן: אביב בחיפה יפה מאד, נכון?

שמואל: כן, נכון, את צודקת. חיפה עיר יָפָה מאד, עיר על ההר, ואביב מאד יפה שם.**

הלן: איזה הר?

שמואל: הר הַכַּרְמֶל.

הלן: איך יורדים מההר אל העיר?

שמואל: יש בחיפה רכבת בְּשֵׁם (called) כַּרְמְלִית. קונים אסימונים ויורדים למטה ועולים למעלה בכרמלית.

הלן: באביב יפה בכל מקום: לא חם, לא קר, אין רוח. אני לא אוהבת רוח.

שמואל: בשטח הקטן של ישראל אנחנו יכולים למצוא הרבה צורות של אקלים: למשל שלג על הר החֶרְמוֹן*** וגשמים בגליל; מדבר יבש וחם בדרום; עמקים עשירים במים; נהרות וים. האם יש לך את העיתון שאריק נתן לך?

הלן: כן, הנה העיתון שהוא נתן לי.

שמואל: נראה, איזה מזג אוויר יהיה כאן מחר..."בתל-אביב יהיה חם עם רוח קלה מֵהַיָּם; בירושלים יהיה חם; בחיפה יהיה קריר עם קצת גשם ובגליל יהיה נאה." את יודעת, הלן, כדאי לחזור לישראל בחורף לעשות סקי.

הלן: עושים סקי בישראל?

שמואל: כן, בצפון איפה שיורד שלג****. אבל עכשו, בשמש של האביב, אני רוצה לעשות סקי על המים! בקיץ אני אוהב גם לרוץ.

הלן: לאן?

שמואל: סתם. לעשות ג'ונינג. רואים את הארץ ופוגשים אנשים. כדאי גם לךָ לרוץ.

NOTES: *Eilat, a holiday resort in the south of Israel, on the shore of the Dead Sea.

**The inversion is for emphasis.

***Mt Hermon

***This is a very colloquial usage. In more elevated Hebrew this would be כן, בצפון במקום שֶׁבּוֹ יורד שלג.

Exercise 87

The following little passage is taken from the beginners' newspaper called שַׁעַר לַמַּתְחִיל. You have not learned all the vocabulary, but you can probably understand the gist of it:

לֹא יֵרֵד גֶּשֶׁם
בַּיָּמִים הַקְּרוֹבִים

לְפִי הַתַּחֲזִית שֶׁל הַשֵּׁירוּת הַמֶּטֶאוֹרוֹ-
לוֹגִי, לֹא יֵרֵד גֶּשֶׁם עַד לְסוֹף הַשָּׁבוּעַ.
תִּהְיֶה עֲלִייָה בַּטֶּמְפֶּרָטוּרוֹת בִּשְׁעוֹת הַיּוֹם,
אַךְ בַּלֵּילוֹת יִהְיֶה קַר מְאוֹד.

11.5 'At, by'

In English you say 'Today I'll be at Shoshana's house' or 'Today I'll be at Shoshana's'. In Hebrew we use the preposition אֵצֶל to convey this sense of 'at'. This preposition is the exact equivalent of the French 'chez':

היום אני אהיה אֵצֶל שושנה

אֵצֶל takes the pronoun endings that you have already learned, those that apply to ב and ל (see 6.6):

Eric was at my place yesterday — אריק היה אֶצְלִי אתמול

Sasha wrote his book while he was at our place
סַשָׁה כתב את הספר שלו כאשר הוא היה אֶצְלֵנוּ

'To visit' can be either לְבַקֵּר אֵצֶל or לְבַקֵּר אֶת.

Exercise 88

Translate the passage and then answer the questions (in Hebrew).

אמו של מר בר-און זוכרת: ״כאשר הייתי בחורה צעירה היה שיר יפה
בְּשֵׁם (called) ´שוב אראה אותךָ`. שמעתי אותו באָמֶרִיקָה לפני שבאנו
לישראל. בישראל שרנו שיר ´נבנה עיר יָפָה על הר הַכַּרְמֶל`. עכשו שרים
שיר בשם ´בשנה הבאה` שמספר על מה שיהיה.״ היא שרה: ״´עוד
תראה, עוד תראה, כמה טוב יהיה, בשנה, בשנה הבאה`. עכשו אני כבר
לא בחורה צעירה. בשבוע הבא יהיה לי יום הולדת. אבל קודם אני נוסעת
לִטְבֶרְיָה שֶׁבגליל לראות את הנוף היפה של ההרים ואת ים הכִּנֶּרֶת. אני
יודעת שיהיה לנו מזג אוִיר נאה, בַּשטח הזה. כאשר אנחנו חוזרים תהיה
מסיבה אצלי ואני מזמינה אתכם. נשתה קצת יין ותהיה מוסיקה טובה.
יהיה מספיק אוכל לכל האנשים הרעבים! אני אהיה שמחה מאד.
בבקשה לבוא! יהיה כדאי!״

1 What was the name (in English) of the song Mr Baron's mother remembers?
2 Where did she hear it?
3 What city is suggested in the song they used to sing in Israel?
4 What will it be like in the future, according to the song Mrs Baron sings?
5 Why is Mrs Baron having a party?
6 Where will her party be?
7 Where is she going before her party?
8 Why is she going there?
9 What will they do at her party?

11.6 The family

Here is a list of family members.

mother(s)	*aim, imahot*	אֵם, אִמָּהוֹת*
father(s)	*av, avot*	אָב, אָבוֹת*
husband(s)	*ba'al, b'alim*	בַּעַל, בְּעָלִים
wife, wives (women)	*ishah, nashim*	אִשָּׁה, נָשִׁים*
son(s)	*ben, banim*	בֵּן, בָּנִים*
daughter(s)	*bat, banot*	בַּת, בָּנוֹת*
grandson(s)	*nékhed, n'khadim*	נֶכֶד, נְכָדִים*
granddaughter(s)	*nekhdah, nekhdot*	נֶכְדָּה, נֶכְדּוֹת
grandmother(s)	*sábta, sávtah, sávtot*	סַבְתָּא, סַבְתָּה, סַבְתּוֹת
grandfather(s)	*sába, sáv, savim*	סָב, סַבָּא, סָבִים

brother(s)	*akh, akhim*	אָח, אָחִים
sister(s)	*akhot, akhayot*	אָחוֹת, אֲחָיוֹת*
uncle(s)	*dod, dodim*	דוֹד, דוֹדִים
aunt(s)	*dódah, dodot*	דוֹדָה, דוֹדוֹת
cousin(s) (m)	*ben-dod, bnei dod*	בֶּן-דוֹד, בְּנֵי-דוֹד*
cousin(s) (f)	*bat dódah, bnot dódah*	בַּת-דוֹדָה, בְּנוֹת-דוֹדָה*
nephew(s)	*akhyan, akhyanim*	אַחְיָן, אַחְיָנִים
niece(s)	*akhyanit, akhyaniyot*	אַחְיָנִית, אַחְיָנִיוֹת
mother(s)-in-law	*khamot, khamayot*	חָמוֹת, חֲמָיוֹת*
father(s)-in-law	*kham, khamim*	חָם, חָמִים
sister(s)-in-law	*geesah, geesot*	גִּיסָה, גִּיסוֹת
brother(s)-in-law	*gees, geesim*	גִּיס, גִּיסִים

*Note these unusual plural forms.

Exercise 89

Work out the relationship of these people to Sasha.

Example: 1 his aunt — הדודה שלו

1 הבת של הסבתא שלו.
2 האשה של האח שלו.
3 האב של האשה שלו.
4 הבן של הבת שלו
5 הבעל של האחות שלו.
6 הבן של האחות שלו.
7 הנשים של האחים שלו.
8 הבן של האח של האב שלו.
9 הבנות של האחות שלו.
10 הבנים של הסב שלו.

Lesson 12

12.1 The future tense: roots with guttural letters

You have learned (in 11.3) the verbs that form their future tense according to the pattern of אֶבְדוֹק or אֶכְתוֹב, that is, ֶ וֹ , and also according to the pattern of Group 3 verbs that have ה as their final root-letter, such as אֶקְנֶה and אֶשְׁתֶּה. The third pattern is that of verbs that have a guttural letter as their **second** or **final** root-letter (Groupings 6 & 7). The guttural letter causes changes in vocalization and therefore pronunciation: examples are the roots פתח 'open', שאל 'ask', קבע 'arrange' and מצא 'find'. The infinitives of these verbs are unexceptional: לִפתוֹחַ, לִשְׁאוֹל, לִקְבּוֹעַ, לִמְצוֹא.

I (m & f) shall open	*eftakh*	*אני אֶפְתַּח
you (m sing) will open	*tiftakh*	אתה תִּפְתַּח
you (f sing) will open	*tift'khee*	את תִּפְתְּחִי
he will open	*yiftakh*	הוא יִפְתַּח
she will open	*tiftakh*	היא תִּפְתַּח
we (m & f) shall open	*niftakh*	אנחנו נִפְתַּח
you (m pl) will open	*tift'khoo*	אתם תִּפְתְּחוּ
you (f pl) will open	*tift'khoo*	אתן תִּפְתְּחוּ
they (m) will open	*yift'khoo*	הם יִפְתְּחוּ
they (f) will open	*yift'khoo*	הן יִפְתְּחוּ

*Note that the vowel has changed from וֹ to ַ

Examples:

We'll ask	(אנחנו) נִשְׁאַל
Eric will open the present	אריק יִפְתַּח אֶת הַמַּתָּנָה
Mrs Michaeli will hear me	גב' מכאלי תִּשְׁמַע אוֹתִי
You (pl) will find the bag	תִּמְצְאוּ אֶת הַתִּיק

You will notice that sometimes the 'a' sound is represented by ָ and sometimes by ַ as in תִּפְתַּח and תִּמְצָא, but this need not worry you since their pronounciation is the same.

There are a few exceptional verbs which follow this pattern in the future tense **without** having any guttural letters. The most common verb of this type is one you have already encountered: למד 'learn', which has present and past tenses like all the others you have learned (apart from the *pi'el* verbs), those such as עמד, ירד, בדק, ישב and so on. Its infinitive is לִלְמוֹד.

12.2 Asking questions

You have already learned that you can ask a question simply by changing the inflection of a simple sentence (see 4.4). For example, 'You are eating' אתה אוכל becomes 'Are you eating?' ?אתה אוכל by a change in the tone of your voice. You can also use the word הַאִם *(ha'im)* to indicate a question. It cannot be translated into English, but it has the function of a question mark at the beginning of a sentence. For example:

Are you eating?	?הַאִם אתה אוכל

VOCABULARY

storm (f)	*s'arah*	סְעָרָה
terrible	*nora, nora'ah,*	נוֹרָא, נוֹרָאָה,
	nora'im, nora'ot	נוֹרָאִים, נוֹרָאוֹת
next week	*bashavoóa haba*	בַּשָׁבוּעַ הַבָּא
next year	*bashanah haba'ah*	בַּשָׁנָה הַבָּאָה
this evening	*haérev*	הָעֶרֶב
love (noun, f)	*ahavah*	אַהֲבָה
Verb		
to hear, listen to (root & inf)	*lishmóa*	שמע: לִשְׁמוֹעַ

12.3 'When'

You have already encountered one word for 'when' כַּאֲשֶׁר in Lesson 10. There are two words for 'when' in Hebrew: כַּאֲשֶׁר, which is a conjunction, and מָתַי, which is an adverb and the word used in questions. If you are not grammatically minded, examples will illustrate the difference:

When will we see the new building?	מָתַי נִרְאֶה אֶת הַבִּנְיָן הֶחָדָשׁ?
When did he visit his mother?	מָתַי בִּיקֵר אֶת אִמּוֹ?
I visited her when I was in Petach Tikvah	בִּיקַרְתִּי אוֹתָהּ כַּאֲשֶׁר הָיִיתִי בְּפֶּתַח תִּקְוָה
When does this train go?	מָתַי נוֹסַעַת הָרַכֶּבֶת הַזֹּאת?
It goes when the driver arrives	הִיא נוֹסַעַת כַּאֲשֶׁר מַגִּיעַ הַנֶּהָג

Note the word order: generally the verb follows both words for 'when'.

'When' כַּאֲשֶׁר can also indicate 'while':

While they were in the cinema there was a terrible storm	כַּאֲשֶׁר הֵם הָיוּ בַּקוֹלְנוֹעַ הָיְתָה סְעָרָה נוֹרָאָה

A shortened form of כַּאֲשֶׁר, כְּשֶׁ- can also be used exactly as כַּאֲשֶׁר is used. The two letters form a prefix. For example.

I visited her when I was in Petach Tikvah	בִּקַּרְתִּי אוֹתָהּ כְּשֶׁהָיִיתִי בְּפֶּתַח תִּקְוָה
It goes when the driver arrives	הִיא נוֹסַעַת כְּשֶׁמַּגִּיעַ הַנֶּהָג

Exercise 90

The following is a simple transformation drill to help you learn the new verb forms. You are given some questions in the past tense. Answer them aloud, using the word(s) in brackets and converting the verbs from the past tense to the future.

Example: You are asked: הַאִם רָאִיתָ אֶת הַנּוֹף? (מָחָר)
(Have you seen the view? Tomorrow)

You answer: לֹא, אֶרְאֶה אוֹתוֹ מָחָר
(No, I'll see it tomorrow.)

1 האם פתחתְ את המתנה? (ביום שישי)
2 האם שמעתם את המוסיקה כאשר הייתם בניו יורק? (בשבוע הבא)
3 האם שושנה מצאה את התיק במשטרה? (מחר)
4 האם אילנה קנתה את אגרות האויר בדואר? (אחרי הצהרים)
5 האם הבחורים רשמו את ההוראות? (עוד מעט)
6 האם הרופא בדק את החולה? (הערב)
7 האם ראה מר בר-און את הרשימה (list) של אמו? (עוד)
8 האם אתם קבעתם את הפגישה? (מחר)
9 האם שאלו את המורה מתי יגמור את הספר? (בשבוע הבא)
10 האם למדתָ לדבר עברית כאשר היית בירושלים? (בשנה הבאה)

Exercise 91

Translate the following sentences, using the correct word for 'when':

1 Tomorrow, when you [will] finish your work you'll visit your brother.
2 While I was travelling in the north I met Eric.
3 When Shoshana saw us she said: 'When are you going to play football?'
4 It's worth seeing the mountains when there's good weather.
5 When will the doctor (f) examine us?
6 I would like to know when they'll sell the apartment.*
7 Please close the door when it's raining.
8 In spring, when it is warm, a young man thinks of love.

*Note that there is an **indirect question** in this sentence. You still use the adverb 'when': מָתַי.

12.4 Prepositions

Not all prepositions take the same pronoun endings as those you have encountered with בּ, ל, שֶׁל. The prepositions עַל 'on', אֶל 'to', אַחֲרֵי 'behind, after' and לִפְנֵי 'before, in front of' take a different set of pronoun endings:

on me	*alai* (this sounds like 'a lie')	עָלַי
on you (m sing)	*aleíkha*	עָלֶיךָ
on you (f sing)	*aláyikh*	עָלַיִךְ
on him	*alav* (this sounds like 'a love')	עָלָיו
on her	*aleíha*	עָלֶיהָ
on us	*aleínoo*	עָלֵינוּ
on you (m pl)	*aleikhem*	עֲלֵיכֶם*
on you (f pl)	*aleikhen*	עֲלֵיכֶן*
on them (m)	*aleihem*	עֲלֵיהֶם*
on them (f)	*aleihen*	עֲלֵיהֶן*

*NOTE: The change in vocalization makes no difference to the pronunciation.

Note that there is no rule governing the use of אֶל and ל, both meaning 'to'. They are fairly interchangeable. The only firm rule is that אֶל is **never** used after 'give' נתן, and is **always** used after 'come' בּוֹא.

Exercise 92

Change the nouns in these phrases to prepositions with the correct pronoun endings. To help you, a list of prepositions (vocalized) is given at the end.
Example: change עַל הַשּׁוּלְחָן to עָלָיו

1 אל סָשָׁה (to Sasha)
2 לפני החברים (in front of the friends)
3 על האוטובוס (on the bus)
4 אל האנשים (to the people)
5 בתיק (in the handbag)
6 אחרי אילנה (behind Ilana)
7 אחרי הקונצרט (after the concert)
8 אל אריק ואלַי (to Eric and me)
9 על המזוָדה (on the suitcase)
10 לאריק (to Eric)

אַחֲרָיו, עָלָיו, לוֹ, לִפְנֵיהֶם, עָלֶיהָ, בּוֹ, אֲלֵיהֶם, אֵלֵינוּ, אֵלָיו, אַחֲרֶיהָ

Exercise 93

Join the second halves of the sentences (A - H) to the first halves (1 - 8):

1 כאשר ראיתי את החשמלאי
2 השוטרות פנו שׂמאלה
3 כאשר ירדתְ בכַּרְמֶלִית
4 הרופאים עובדים קשה;
5 בדואר הפקידה נתנה
6 זה שולחן גדול
7 היתה לנו מסיבה אתמול
8 כאשר אילנה באה לירושלים

A ואתם כולכם באתם אלינו.
B ואפשר לשים עליו הרבה דברים.
C הוא עמד לפנַי בחדר.
D היא לפעמים גרה אצלי.
E והתיירים הלכו אחריהן.
F חדר ההמתנה שלהם תמיד מלא.
G האם ראית בה הרבה אנשים?
H לו את הבולים.

12.5 Uses of the future tense

Commands

The future tense is used as a simple imperative. For example:

Open (sing) the door — תִּפְתַּח את הדלת
Read (pl) the newspaper — תִּקְרְאוּ את העיתון

Negative commands

In Hebrew the command 'don't!' is expressed by using the word אַל plus the future tense. For example:

Don't open the door, Eric	אַל תפתַח את הדלת, אריק
Don't find an apartment in the city	אל תמצאי דירה בעיר
Don't ask the driver	אל תשאל את הנהג
Don't buy (pl) stamps at the post office	אל תקנו בולים בדואר

Wishes: 'I want you to ...'

When you express a wish in this way, the Hebrew version uses the future tense. For example:

I want [or 'would like'] you (f) to find an apartment in the city [lit. I want-that-you will find ...]	אני רוצה שֶׁתִּמְצְאִי דירה בעיר
Would you like us to buy you (some) stamps at the post office?	אתה רוצה שֶׁנִּקְנֶה לך בולים בדואר?
Do you (f) want him to ask the driver?	את רוצה שֶׁיִּשְׁאַל את הנהג?

To negate these sentences you place לא before the verb:

I don't want you to find an apartment	אני לא רוצה שתמצאי דירה
I don't want him to ask the driver	אני לא רוצה שישאל את הנהג
He wouldn't like you to buy (any) stamps	הוא לא רוצה שתקנו בולים

Exercise 94

Carry out the commands in the sentences, in Hebrew. There is more than one possibility for some of the sentences.

1 Tell the waiter that you would like him to find you a menu.
2 Tell the patient to open his mouth.
3 Ask the patient to open his mouth.
4 Tell the woman not to buy too many stamps.
5 Tell your brothers that you would like them to hear some music.
6 Ask the tourists to speak Hebrew to you.
7 Ask the people to go [travel] on the Carmelit.
8 Tell the clerk (f) not to send the letter to your uncle.
9 Tell the agent (m) that you would like him to rent an apartment for you.
10 Tell Mrs Baron that you would like her to visit you.

VOCABULARY

then	*az*	אָז
potatoes (m pl)	*tapookhei adamah*	תַּפּוּחֵי אֲדָמָה
manager	*m'nahel*	מְנַהֵל
because of	*biglal*	בִּגְלַל
some	*káma*	כַּמָּה
age (m)	*geel*	גִּיל
watermelon (m)	*avateéakh*	אֲבַטִּיחַ
it is forbidden	*asoor*	אָסוּר
it doesn't matter	*eyn davar*	אֵין דָּבָר
Verbs (root & inf)		
to remember	*lizkor*	זכר: לִזְכּוֹר*
to forget	*lishkóakh*	שכח: לִשְׁכּוֹחַ*
to sit	*lashévet*	ישב: לָשֶׁבֶת
to worry	*lid'og*	דאג: לִדְאוֹג
to sell	*limkor*	מכר: לִמְכּוֹר*

NOTE: *In the future tense the middle root-letter of these three verbs is always dotted; that is, it is pronounced as כּ rather than כ:

I shall remember	*ezkor*	אֶזְכּוֹר
you will forget	*tishkakh*	תִשְׁכַּח
he will sell	*yimkor*	יִמְכּוֹר

Exercise 95

Mr Baron's mother has written some instructions for him in a note. Translate them:

כאשר אתה יורד אל העיר אני רוצה שתשאל את הפקיד בבנק מתי אפשר לקנות המחאות נוסעים. אז תִקְבַּע פגישה עם מנהל הבנק. כאשר אתה יושב אתו אני רוצה שֶׁיִרְשׁוֹם את המספרים של ההמחאות. אני לא רוצה שהוא יראה את הדרכון שלי בגלל הגיל שלי. אל תשתו יחד תה כי לא יהיה לך זמן. אחר כך תקנה כמה עגבניות, תפוחי אדמה ואבטיח אצל גב` מכאלי. אני רוצה שהיא תפתַח את האבטיח כי אני לא רוצה שתמכור לי אבטיח לא טוב. תקנה גם יין אבל אל תשתה אותו! האם תִזְכּוֹר את הכל? אל תִשְׁכַּח. אתה בן טוב.

Exercise 96

Mr Baron sometimes becomes annoyed with his mother, although he is a good son. Translate his grumble, remembering to use the future tense as the imperative.

'Ask the clerk!' 'Make an appointment!' 'Buy tomatoes and a watermelon!' 'Don't drink tea!' 'Open the watermelon!' And I don't have time. I must work. And I'm also not allowed [I'm forbidden] to drink her wine! Never mind. I won't forget anything. I don't want her to worry. I'll be a good son.

VOCABULARY

request (noun, f)	*bakashah*	בַּקָּשָׁה
skirt - skirts (f)	*khatza'eet – khatzaeeyot*	חֲצָאִית - חֲצָאִיוֹת
for	*bishveel*	בִּשְׁבִיל
colour - colours	*tzéva – tzva'im*	צֶבַע - צְבָעִים
so much, so	*kol kakh*	כָּל כָּךְ
red	*adom, adoomah,* *adoomim, adoomot*	אָדוֹם, אֲדוּמָה, אֲדוּמִים, אֲדוּמוֹת
length (m)	*órekh*	אוֹרֶךְ
blouse, shirt (f)	*khooltzah*	חוּלְצָה
without	*blee*	בְּלִי
suitable (f)	*mat'eemah*	מַתְאִימָה
clothes (m)	*b'gadeem*	בְּגָדִים
dress - dresses (noun, f)	*simlah – smalot*	שִׂמְלָה - שְׂמָלוֹת
the same (m)	*oto ha-*	אוֹתוֹ הַ-
the same (f)	*ota ha-*	אוֹתָה הַ-
story (m)	*sipoor*	סִפּוּר
trousers (m pl)	*mikhnasáyim*	מִכְנָסַיִם
coat (m)	*m'eel*	מְעִיל
sleeve (m)	*sharvool*	שַׁרְווּל
really, truly	*be'emet*	בֶּאֱמֶת
fabulous! (slang)*	*makseem, makseemah,* *makseemim,* *makseemot*	מַקְסִים, מַקְסִימָה, מַקְסִימִים, מַקְסִימוֹת
in order to	*k'day*	כְּדֵי
instructions	*hora'ot*	הוֹרָאוֹת
perhaps	*oolai*	אוּלַי
something	*máshehoo*	מַשֶּׁהוּ

someone	*meéshehoo*	מִשֶׁהוּ
first of all	*kódem*	קוֹדֶם

NOTE: *Of course slang changes and is quickly outdated, but a popular expression for 'fantastic', 'brilliant' remains !עֶשֶׂר (ten) from the movie '10'.

Verbs

to wear (root & inf)	*lilbosh*	לבש: לִלְבּוֹשׁ
I'm sorry (m/f sing)	*ani mitzta'er/ mitzta'éret*	אני מִצְטַעֵר/ מִצְטַעֶרֶת
to change, exchange (inf only)	*l'hakhleef*	לְהַחְלִיף
I arrived	*higáti*	הִגַעְתִי

Exercise 97

Translate the following conversation:

נ'עמִי גרה בחיפה והיא יורדת בכרמלית לעיר כדי לקנות בגדים. בחנות:

נ'עמִי: בוקר טוב, יש לי בקשה אלַיִך. אתמול קניתי את החצאית הזאת וכאשר הגעתי הביתה אני מצאתי שהיא לא בשבילי - אני מבקשת שתמצאי לי עוד חצאית, בבקשה.

מוכרת: אני זוכרת אותך. באת אלַי אתמול. את רוצה שאמצא לך עוד חצאית? את לא אוהבת אותה? היא לא יפה עליך?

נ'עמִי: לא.

מוכרת: למה?

נ'עמִי: אולי בגלל הצבע. אני לא כל כך אוהבת ארום. ואין לי חולצה מתאימה.

מוכרת: מה המידה שלך? שכחתי.

נ'עמִי: 42.

מוכרת: הנה החצאיות. תמדדי אותן. אולי תמצאי עוד אחת.

נ'עמִי מודדת הרבה חצאיות בהרבה צבעים.

נ'עמִי: אני לא אמצא חצאית מתאימה. אולי יש לך חולצה?

מוכרת: הנה, לפניך הרבה חולצות. אבל את צריכה למדוד אותן.

נ'עמִי מודדת חולצה אחרי חולצה, עם שרוולים ובלי שרוולים.

נ'עמִי: אני מצטערת, אבל אין לכם חולצות בשבילי. אולי תמצאי לי שמלה?

מוכרת: אני אמצא אבל אַת לא תמצאי, גברת.

אותו הספור: שוב הרבה שמלות, מכנסים, מעילים וחצאיות. אין בגדים יפים בשביל נ'עמִי. היא עייפה וגם המוכרת עייפה. סוף-סוף:

נ'עמִי: הנה, מצאתי משהו. איזו חצאית יפה! חצאית מִינִי אדומה. היא באמת תהיה יפה עלי. תראי כמה היא יפה. אני אקנה אותה.

מוכרת: אבל גברת, אל תקני . . . בלי למדוד . . .

נֹעֲמִי: את רוצה שקודם אמדוד אותה? אבל היא תהיה בסדר! תִּרְאִי!
היא כֹּל כָּךְ יפה.
מוכרת: אבל גברת, זאת החצאית שקנית אתמול כאשר היית בחנות,
והיום רצית להחליף אותה. את לא יכולה לקנות אותה עוד פעם.
נֹעֲמִי: באמת? אין דבר. בכל זאת, עכשו אני אוהבת אותה. אל תדאגי.
היא כל כך יפה. מקסימה! אני שמחה מאד ששוב באתי אליכם!

Exercise 98

Translate into Hebrew:

When it was Eric's birthday his friends looked for a place for a party. Mr Baron found a nice room in his brother's building, but when the friends came to see the room they saw that someone had written:
It is forbidden to smoke.
Don't play music.
Please don't eat while you're standing.
We don't want you to open the windows.
Shut the door behind you when you go.
We will examine the room when you have finished your party.
After they had read the instructions Ilana said: 'We don't want your party to be here. This place is terrible. Let's find another place. Maybe a disco. That'll be nice.'
'You'll come [you're coming] to me', said Shoshana. 'My flat is not very big but we'll have enough room. I want Eric's party to be at my place.'
Eric was very happy. 'That will be a wonderful present for me,' he said. 'And I'll have a party in spite of everything.'

Exercise 99

Mr Baron's mother has gone to a fashion show. Translate her commentary:

'What wonderful clothes! Here's Edna (עֶדְנָה) wearing a dress of (בּ) many colours. It will be lovely on me! And here's Orly (אוֹרְלִי) in a red summer skirt with stockings (גַרְבּוֹנִים) of (בּ) the same colour. Edna is now wearing a horrible dress; the length is not nice. Orly has a winter coat. Behind her is Ronit (רוֹנִית) in red trousers and a blouse without sleeves. In front of them is another young woman wearing the same trousers. Tomorrow we'll see the young men's clothes!'

Lesson 13

13.1 The future tense: *pi'el* verbs

You may remember (4.2) that in the present tense of these verbs (our Group 2) the letter מ is added to the root: מְדַבֵּר, מְנַגֵּן, מְשַׁלְּמִים. The מ disappears in the past tense (10.1): דִּבַּרְתִּי, נִגְּנוּ, שִׁלַּמְנוּ. (Or, unvocalized: דיברתי, ניגנו, שילמנו.) In the future tense of the *pi'el* verbs the prefixes and suffixes are identical to those you have already learned with other verbs, but the vocalization and therefore the pronunciation is different:

I shall speak	*adaber*	אני אֲדַבֵּר
you (m sing) will speak	*t'daber*	אתה תְּדַבֵּר
you (f sing) will speak	*t'dabree*	את תְּדַבְּרִי
he will speak	*y'daber*	הוא יְדַבֵּר
she will speak	*t'daber*	היא תְּדַבֵּר
we shall speak	*n'daber*	אנחנו נְדַבֵּר
you (m pl) will speak	*t'dabroo*	אתם תְּדַבְּרוּ
you (f pl) will speak	*t'dabroo*	אתן תְּדַבְּרוּ
they (m) will speak	*y'dabroo*	הם יְדַבְּרוּ
they (f) will speak	*y'dabroo*	הן יְדַבְּרוּ

13.2 The future tense: irregular verbs

In 9.5 you learned that the past tense of the verb נתן 'give' is irregular. The future tense of both נתן and לקח 'take' is irregular.

I shall give	*eten*	אני אֶתֵּן
you (m sing) will give	*titen*	אתה תִּתֵּן
you (f sing) will give	*titnee*	את תִּתְּנִי
he will give	*yiten*	הוא יִתֵּן
she will give	*titen*	היא תִּתֵּן
we shall give	*niten*	אנחנו נִתֵּן
you (m pl) will give	*titnoo*	אתם תִּתְּנוּ
you (f pl) will give	*titnoo*	אתן תִּתְּנוּ

they (m) will give	*yitnoo*	הם יִתְנוּ
they (f) will give	*yitnoo*	הן יִתְנוּ
Infinitive: to give	*latet*	לָתֵת
I shall take	*ekakh*	אני אֶקַח
you (m sing) will take	*tikakh*	אתה תִקַח
you (f sing) will take	*tik'khee*	את תִקְחִי
he will take	*yikakh*	הוא יִקַח
she will take	*tikakh*	היא תִקַח
we shall take	*nikakh*	אנחנו נִקַח
you (m pl) will take	*tik'khoo*	אתם תִקְחוּ
you (f pl) will take	*tik'khoo*	אתן תִקְחוּ
they (m) will take	*yik'khoo*	הם יִקְחוּ
they (f) will take	*yik'khoo*	הן יִקְחוּ
Infinitive: to take	*lakákhat*	לָקַחַת

You have already learned the imperative תֵן! 'give!' in all its forms (7.6). You can use this or the future tense to express a command.

Note also that the verb נתן can be used to express 'let' or 'allow', as in:

Let me help you	תֵן לִי לַעֲזוֹר לְךָ
She let me play with her new computer	היא נָתְנָה לִי לְשַׂחֵק עִם הַמַּחְשֵׁב הֶחָדָשׁ שֶׁלָּה

Exercise 100

This is a drill. Repeat each sentence, changing it in turn according to the words given (only one change each time).

Examples: 1 First change: מחר אנחנו נִתֵן לאריק רדיו

Second change: מחר אנחנו נתן לו רדיו

1 אנחנו נָתַנוּ לאריק רָדְיוֹ. (We gave Eric a radio.)

מחר - לו - הם - אתמול - לאילנה - הוא

2 אריק יְדַבֵּר עברית יָפֶה (Eric will speak Hebrew beautifully.)

אנחנו - אתם - אתמול - היא - בשבוע הבא - הם

3 לָקַחְתִי את הבגדים לחנות (I took the clothes to the shop.)

הוא - מחר - אנחנו - אילנה - אתמול - הם - בשנה הבאה

13.3 'If'

The uses of אִם 'if' are the same in Hebrew as in English. It can be used as a conjunction, with the connotation of 'whether':

Eric asks Ilana if she wants to go to the shop
אריק שׁוֹאֵל אֶת אילנה אִם הִיא רוֹצָה לָלֶכֶת לַחֲנוּת.

It can also be used as a conditional:

If I buy this suitcase, will you pay? אִם אני קוֹנֶה אֶת הַמִּזְוָדָה הַזֹּאת, הַאִם תְּשַׁלֵּם?

Or: אִם אֶקְנֶה אֶת הַמִּזְוָדָה הַזֹּאת, הַאִם תְּשַׁלֵּם?

The verb after אִם can be in the present or the future tense. In the above examples, do not confuse 'if', אִם, with the interrogative הַאִם.

Exercise 101

Translate the following conversation:

Shoshana and Mr Baron have had a little quarrel (רִיב m). Mr Baron works hard and has come home at 9.30.

Mr Baron: I'm sorry, Shoshana. Would you like to go to a restaurant?
Shoshana: You're asking me if I want to go to a restaurant. No.
Mr Baron: If we go, I'll pay!
Shoshana: No. Don't ask me. I'll never speak to you again.
Mr Baron: Shoshana, please speak to me.
Shoshana: You said you'd visit your mother. You said [that] if you come home on time we'll visit her.
Mr Baron: I always visit her if I remember. Never mind. Let me take you to the cinema.
Shoshana: No. Take Ilana. She'll be happy to go with you.
Mr Baron: OK, if that's what you want, I'm going. If you want to come with me, we'll take my mother to a restaurant and the cinema. If you don't want to – then goodbye. See you again.
Shoshana: Goodbye.

Exercise 102

Translate the following sentences:

1 Please take the present I have given you (f sing).
2 I'll take the blouse when you (m sing) visit me.
3 Ilana's cousin, Liam, will play the cello (צֵ'לוֹ) in the concert.
4 Don't teach the teacher to speak English. He won't learn because he won't have time.
5 Did they give her the red skirt? No, you (f sing) gave her a dress.
6 I can't find my trousers. It doesn't matter, we'll look for them.
7 Shoshana wants Mr Baron to pay for the meal.
8 Don't talk so much! (m sing)
9 Give the clerk (m) the letter and he'll send it.
10 Samuel, you've given Mrs Michaeli a lot of money! Take some potatoes!

13.4 The future tense: roots beginning with guttural letters

The vocalization of verbs in the future tense depends on the composition of the root; that is, on the nature of the root-letters, as you saw in 12.1. This is not the case to the same extent with verbs in the past and present tenses, although there are small variations, as you have seen. One group of verbs (our Grouping 6) with distinctive vocalization in the future tense is those whose roots **begin** with ה, ח, ע like עמד 'stand'. Verbs like this are regular in the present and past tenses. In the future, the guttural letter in the root will always take the vowel ַ Note that there are no variations in the prefixes and suffixes.

I shall stand	e'emod	אֶעֱמוֹד
you (m sing) will stand	ta'amod	תַּעֲמוֹד
you (f sing) will stand	ta'amdee	תַּעֲמְדִי
he will stand	ya'amod	יַעֲמוֹד
she will stand	ta'amod	תַּעֲמוֹד
we shall stand	na'amod	נַעֲמוֹד
you (m pl) will stand	ta'amdoo	תַּעֲמְדוּ
you (f pl) will stand	ta'amdoo	תַּעֲמְדוּ
they (m) will stand	ya'amdoo	יַעֲמְדוּ
they (f) will stand	ya'amdoo	יַעֲמְדוּ

Infinitive: to stand	*(la'amod)*	לַעֲמוֹד

NOTE: Unfortunately this pattern does not apply to the very commonly used verb הלך 'go'. The future tense of this irregular verb will be introduced in the next lesson.

VOCABULARY

scarf (m)	*tsa'eef*	צָעִיף
pullover (m)	*svéder*	סְוֶדֶר
hat (m)	*kóva*	כּוֹבַע
jacket (m)	*jakét*	זָ'קֶט
army (m)	*tsavah*	צָבָא
army (adj)	*tsva'ee*	צְבָאִי
camp – camps (m)	*makhaneh – makhanot*	מַחֲנֶה - מַחֲנוֹת
army service (m)	*sheroot tsva'ee*	שֵׁרוּת צְבָאִי
kitbag (m)	*tarmeel*	תַּרְמִיל
pair – pairs [of] (m)	*zoog – zoogot*	זוּג - זוּגוֹת
sock(s), stocking(s) (m)	*gérev, garbáyim, garbonim*	גֶּרֶב, גַּרְבַּיִם, גַּרְבּוֹנִים
truck (f)	*masa'eet*	מַשָּׂאִית
hitchhike, lift (m; slang)	*tremp*	טְרֶמְפּ
news (f)	*khadashot*	חֲדָשׁוֹת
by means of	*al y'dai*	עַל יְדֵי
media (f)	*tikshóret*	תִּקְשׁוֹרֶת
radio (m)	*radio* ('a' as in 'bar')	רַדְיוֹ
television (f)	*televíziah*	טֶלֶוִיזְיָה
otherwise	*akhéret*	אַחֶרֶת
language (f)	*safah, lashon*	שָׂפָה, לָשׁוֹן
broadcast (m)	*sheedoor*	שִׁידּוּר
Verbs		
to pack (root & inf)	*la'aroz*	ארז: לֶאֱרוֹז
to hitchhike (I hitchhiked, I shall hitchhike)	*litfos tremp (tafasti, etfos)*	לִתְפּוֹס טְרֶמְפּ (תָּפַסְתִּי, אֶתְפּוֹס)
to return (root & inf)	*lakhazor*	חזר: לַחֲזוֹר
to receive (*pi'el* verb, root & inf)	*l'kabel*	קבל: לְקַבֵּל
to help (root & inf)	*la'azor*	עזר: לַעֲזוֹר
to think (root & inf)	*lakhashov*	חשב: לַחֲשׁוֹב
to go out (root & inf)	*latzet*	יצא: לָצֵאת
to know (root & inf)	*lada'at*	ידע: לָדַעַת

Exercise 103

Translate the following passage:

שמואל הלך לצבא לְמִילוּאִים. כל ישראלי (Israeli) צריך לצאת למילואים
כאשר גמר את השרות הצבאי. שמואל היה צריך להיות במחנה 3
שבועות. לפני שהלך אמרה לו הלן: ״תארוז את הבגדים שלך בתרמיל.
אני אעזור לך.* מה תִקח?״ היא שאלה. הוא ענה שֶיקח ז׳קט אחד,
שלוש חולצות, מכנסים, ארבעה זוגות גרבים, זוג נעלים, סוֶדר אחד,
מעיל גשם וכובע. הלן שאלה אותו אם הוא נוסע באוטובוס או במשאית.
הוא ענה שהוא יעמוד ברחוב ויתפוס טרמפ למחנה אם לא יהיה קר. הלן
שאלה אותו מתי יחזור. היא אמרה לו: ״כאשר תחזור אהיה כאן. אל
תשכַח** אותי! תקח את הצעיף הזה כי הלילות קרים בצפון.״ שמואל
אמר: ״יפֶה שנתת לי את הצעיף. אני לא אשכַח אותך.״

NOTES: * The verb עזר is always followed by the preposition ל.

** This is one of the verbs, with a guttural as its last root-letter, that takes _ in the future tense, like שאל (see 13.4).

Exercise 104

Read the passage aloud again, placing all the direct speech in reported speech, and vice versa.

13.5 Degrees of comparison

The first degree

'The bus is as big as the truck.' 'As' is expressed by כְּמוֹ *(kmo):*

הָאוֹטוֹבּוּס גָּדוֹל כְּמוֹ הַמַּשָּׂאִית.

The verb 'is' and the first 'as' do not appear in the Hebrew sentence.

The second degree

'The bus is bigger than the truck.' Add יוֹתֵר *(yoter)* to the adjective (it can precede or follow it); 'than' is the prefix -מִ. Note that before the definite article 'the' (הַ) the prefix 'than' changes from מִ to מֵ:

הָאוֹטוֹבּוּס יוֹתֵר גָּדוֹל מֵהַמַּשָּׂאִית.

Sometimes the word יותר can be left out. The sentence would then read:

הָאוֹטוֹבּוּס גָּדוֹל מֵהַמַּשָּׂאִית.

The third degree

'The bus is the biggest [of all].' The adjective is given the definite article -ה, and is followed by בְּיוֹתֵר *(b'yoter)*:

הָאוֹטוֹבּוּס הַגָּדוֹל בְּיוֹתֵר.

Examples:

The cheese is as good as the fish	הַגְּבִינָה טוֹבָה כְּמוֹ הַדָּג
The cheese is better than the fish	הַגְּבִינָה טוֹבָה מֵהַדָּג
The cheese is the best	הַגְּבִינָה הַטּוֹבָה בְּיוֹתֵר

You can also use the word הֲכִי *(hakhee)* 'the most', which does not change according to the number and gender. For example:

The bus is the biggest	הָאוֹטוֹבּוּס הֲכִי גָּדוֹל
The cheese is the best	הַגְּבִינָה הֲכִי טוֹבָה

Exercise 105

Look at the shapes (shape: צוּרָה) and answer the questions:

ג ב א

1 איזו צורה הִיא הגדולה ביותר?
2 האם ב` קטנה כמו ג`?
3 האם ב` גדולה יותר מא`?
4 איזו צורה הִיא הקטנה ביותר?
5 האם ג` קטנה יותר מב`?
6 האם א` גדולה כמו ב`?

13.6 The preposition 'from' and pronoun endings

The preposition -מִ 'from' takes the following pronoun endings:

from me	*miméni*	מִמֶּנִּי
from you (m sing)	*mimkha*	מִמְּךָ
from you (f sing)	*mimekh*	מִמֵּךְ
from him	*miménoo*	מִמֶּנּוּ
from her	*miménah*	מִמֶּנָּה

from us	*me'itánoo*	מֵאִתָּנוּ
from you (m pl)	*mikem*	מִכֶּם
from you (f pl)	*miken*	מִכֶּן
from them (m)	*mehem*	מֵהֶם
from them (f)	*mehen*	מֵהֶן

Examples:
He took the kitbag from her הוּא לָקַח מִמֶּנָּה את הַתַּרְמִיל
Ilana played tennis better than I did אילנה שִׂחֲקָה טֶנִיס יוֹתֵר טוֹב מִמֶּנִּי

Note that in the second example the word טוֹב is used for the adverb 'well' rather than the adjective 'good', but the comparative works in the same way.

Exercise 106

Translate the following conversation:

How do we hear the news? Through [by means of] the media. Every day we read the newspaper, listen to [hear] the radio or watch [see] the TV. Which is better?

Eric: I think the television is better than the radio because if I don't understand everything I can watch TV and learn from it.
Ilana: But you'll never learn to read or understand Hebrew.
Eric: While I'm learning I'll still see the news.
Ilana: I think the radio is better. The language on [in] the radio is better than the language on [in] the television because there are no pictures. If you don't have television you have to learn Hebrew more quickly.
Helen: I think the newspaper is the best. We can read the newspaper if we want to; we don't need radio or TV in order to know the news. And we can take a newspaper with us if we go out.
Ilana: But in the newspapers you won't find the latest [last] news.
Eric: I can't read the newspaper yet. The TV is best. And I'd like you to watch [see] the TV with me.
Ilana: OK, if you like. But the radio is best!
Eric: Ilana, you like music: Liam will be playing Schubert on TV tomorrow. You can hear him on the radio, but don't you want to see him?
Ilana: Yes...

Eric: Then the TV is best! You can watch Liam. And me? If Israel plays [will play] football against Cameroon on Monday I'll watch [see] them on the TV.

Ilana: Oh, Eric! You'll never learn Hebrew!

Exercise 107

On the right are some common notices and signs. Match each notice to its translation given on the left (in a different order). You may not know them all, but by guesswork and process of elimination you should be able to work them all out.

A	OPEN	אָסוּר לְעַשֵׁן	1
B	SILENCE	יְצִיאָה	2
C	NO ENTRY	זְהִירוּת!	3
D	SCHOOL	כְּנִיסָה	4
E	NO SMOKING	סַכָּנָה	5
F	DANGER	הַכְּנִיסָה אֲסוּרָה	6
G	CLOSED	שֶׁקֶט	7
H	CAUTION!	פָּתוּחַ	8
I	EXIT	עָצוֹר	9
J	STOP	יְלָדִים	10
K	ENTRANCE	בֵּית-סֵפֶר	11
L	CHILDREN	סָגוּר	12

Lesson 14

14.1 The future tense: verbs with a weak middle root-letter

Some verbs (our Group 4) have either י or ו as their middle root-letter, such as שִׂים 'put' and בּוֹא 'come'. Present tense: שָׂמִים, בָּא; past tense: שַׂמְנוּ, בָּאתִי. In the future tense the prefixes and suffixes are as usual, but again the vocalization is specific to this group:

I shall get up	*akoom*	אָקוּם
you (m sing) will get up	*takoom*	תָּקוּם
you (f sing) will get up	*takoómi*	תָּקוּמִי
he will get up	*yakoom*	יָקוּם
she will get up	*takoom*	תָּקוּם
we shall get up	*nakoom*	נָקוּם
you (m pl) will get up	*takoómoo*	תָּקוּמוּ
you (f pl) will get up	*takoómoo*	תָּקוּמוּ
they (m) will get up	*yakoómoo*	יָקוּמוּ
they (f) will get up	*yakoómoo*	יָקוּמוּ
Infinitive: to get up	*lakoom*	לָקוּם

Exercise 108

Translate these questions and then answer them, taking the answers from the list given below.

1 Where will he put his books?
2 Where will the group (קְבוּצָה) sing?
3 When will you (m pl) come to visit?
4 At what time will you (f sing) get up in the morning?
5 Where is he going to live?*
6 Where shall we place the instructions?
7 Whom will she ask?
8 On which day will they stand on the mountain?

9 When are you (f pl) going to pay?*
10 When will you (m sing) come to live in Jerusalem?
NOTE: *Use the future tense.

א. ב-8.30, אני חושבת.
ב. כאשר הם יהיו בחיפה.
ג. בתרמיל שלו, עם הבגדים.
ד. אולי בתל-אביב. הוא עוד לא בטוחַ.
ה. את המורה.
ו. בשבוע הבא, כאשר יהיה לנו זמן.
ז. בשנה הבאה אבוא.
ח. על השולחן במשטרה.
ט. בדיסקו ברחוב דיזֶנגוף.
י. כאשר יהיה לנו כסף.

14.2 The imperative

You have already encountered the imperative of the root נתן (give): תֵּן!.
Remember that the imperative can be used interchangeably with the
future tense to express a command. The command expressed by the
future tense is generally gentler than the imperative.

There are only four forms of the imperative: second person masculine
singular and plural, and second person feminine singular and plural.
The last is rarely used.

Speak! (m sing)	*daber*	דַּבֵּר
Speak! (f sing)	*dabree*	דַּבְּרִי
Speak! (m pl)	*dabroo*	דַּבְּרוּ
Speak! (f pl)	*dabroo*	דַּבְּרוּ

To construct the imperative, you delete the prefix from the verb in the
future tense. For example:

Future tense: You (m sing) will speak	תְּדַבֵּר
Imperative: Speak!	דַּבֵּר!
Future tense: You (pl) will arise	תָּקוּמוּ
Imperative Arise!	קוּמוּ!
Future tense: You (f sing) will give	תִּתְּנִי
Imperative: Give!	תְּנִי
Future tense: You (pl) will see	תִּרְאוּ
Imperative: See!	רְאוּ

There are certain verbs for which the vocalization changes in the imperative feminine and plural forms: when you have deleted the prefix from the future tense of this kind of verb, such as תִּרְשְׁמִי or תִּרְשְׁמוּ, you are left with this: רְשְׁמִי. This is impossible to pronounce, so the first רְ is changed to רִ giving רִשְׁמִי If you have any doubt, however, use the future tense instead of the imperative to express a command.

14.3 The future tense: three verbs

The last three verbs you will study in this course in the future tense are the following: נסע 'travel', הלך 'go, walk' and יכל 'can, be able to'. The first two are not exceptions, but belong to small verb groups. The third one is irregular.

I shall travel	*esa*	אֶסַע
you (m sing) will travel	*tisa*	תִּסַע
you (f sing) will travel	*tis'ee*	תִּסְעִי
he will travel	*yisa*	יִסַע
she will travel	*tisa*	תִּסַע
we shall travel	*nisa*	נִסַע
you (m pl) will travel	*tis'oo*	תִּסְעוּ
you (f pl) will travel	*tis'oo*	תִּסְעוּ
they (m) will travel	*yis'oo*	יִסְעוּ
they (f) will travel	*yis'oo*	יִסְעוּ
Infinitive: to travel	*linsóa*	לִנְסוֹעַ
I shall go, walk	*elekh*	אֵלֵךְ
you (m sing) will go, walk	*telekh*	תֵּלֵךְ
you (f sing) will go, walk	*telkhee*	תֵּלְכִי
he will go, walk	*yelekh*	יֵלֵךְ
she will go, walk	*telekh*	תֵּלֵךְ
we shall go, walk	*nelekh*	נֵלֵךְ
you (m pl) will go, walk	*telkhoo*	תֵּלְכוּ
you (f pl) will go, walk	*telkhoo*	תֵּלְכוּ
they (m) will go, walk	*yelkhoo*	יֵלְכוּ
they (f) will go, walk	*yelkhoo*	יֵלְכוּ

NOTE: The verbs יצא 'go out' and ירד 'descend' are identical to הלך 'go, walk' in the future tense (see our Grouping 8). ידע 'know' is slightly different in the future because of the ע: אֵדַע etc.

I shall be able to	*ookhal*	אוּכַל
you (m sing) will be able to	*tookhal*	תוּכַל
you (f sing) will be able to	*tookhlee*	תוּכְלִי
he will be able to	*yookhal*	יוּכַל
she will be able to	*tookhal*	תוּכַל
we shall be able to	*nookhal*	נוּכַל
you (m pl) will be able to	*tookhloo*	תוּכְלוּ
you (f pl) will be able to	*tookhloo*	תוּכְלוּ
they (m) will be able to	*yookhloo*	יוּכְלוּ
they (f) will be able to	*yookhloo*	יוּכְלוּ

VOCABULARY

singer (m)	*zamar*	זַמָּר
demonstration, protest (f)	*hafganah*	הַפְגָּנָה
early	*mookdam*	מוּקְדָּם
late	*m'ookhar*	מְאוּחָר
open area, square, court (m)	*migrash*	מִיגְרָשׁ
tennis	*ténnis*	טֶנִיס
Jew(s)	*y'hudee(m)*	יְהוּדִי(ם)
almost	*kim'at*	כִּמְעַט
pool (f)	*b'rekhah*	בְּרֵכָה
mirror (m)	*r'ee*	רְאִי

Exercise 109

The following sentences are in the present, the past or the imperative. Repeat them, but change every underlined verb to the future tense. Then translate the original sentences.

1 אריק חשב שהם נָסעו לגליל לראות את השלג על ההרים.

2 שמואל יָצָא למילואים ל-3 שבועות. לא אָמְרו מתי יחזור.

3 האם עָזרו להם לארוז את הבגדים?

4 כאשר הָלכה שושנה למשרד, רָאֲתָה הפגנה ברחוב.

5 בואו חברים! הולכים לַדיסקו הזה. הוא טוב יותר מהמסִיבה במלון!

6 קמתי מוקדם בבוקר ונסעתי לעבודה באוטובוס.

7 כאשר לִיעַם נִגֵּן (ניגן) בצ`לו זה היה יפה; הצ`לו שָׁר כמו זַמָּר.

8 הוא לא יכול לתת לאילנה הוראות. אנחנו יכולים לעזור לה.

9 לְכוּ הביתה. אסור לעמוד כאן. כבר מאוחר.

10 שִׂחַקְתֶּם (שיחקתם) טֶנִיס במיגרש חדש.

14.4 The passive participle

This has a passive meaning, like the English '-ed' form. For example:

I close the door	אני סוגֵר אֶת הַדֶּלֶת
The door (f) is closed	הַדֶּלֶת סְגוּרָה

The passive participle occurs only in four forms, like an adjective:

closed (m sing)	*sagoor*	סָגוּר
closed (f sing)	*s'goorah*	סְגוּרָה
closed (m pl)	*s'goorim*	סְגוּרִים
closed (f pl)	*s'goorot*	סְגוּרוֹת

The most commonly encountered passive participles are the following (where one form only is given, it is the masculine singular):

forbidden	*asoor (asoorah, asoorim, asoorot)*	אָסוּר (אֲסוּרָה, אֲסוּרִים, אֲסוּרוֹת)
open	*patoóakh*	פָּתוּחַ
known	*yadoóa*	יָדוּעַ
vacant (e.g. on door)	*panoói*	פָּנוּי
engaged (e.g. on door)	*tafoos*	תָּפוּס

Other useful words in this form are:

important	*khashoov (khashoovah, khashoovim, khashoovot)*	חָשוּב (חֲשוּבָה, חֲשוּבִים, חֲשוּבוֹת)
frozen	*kafoo*	קָפוּא
married	*nasoói (n'sooah, n'sooim, n'soo'ot)*	נָשׂוּי (נְשׂוּאָה, נְשׂוּאִים, נְשׂוּאוֹת)
close by, adjacent to	*samookh*	סָמוּךְ
drunk	*shatoói*	שָׁתוּי

Exercise 110

Translate the passage:

When the tourists arrived in Jerusalem last winter they found that all the shops were closed because of the Sabbath. They didn't know the way to their hotel. It was snowing and poor Sally was almost frozen. A policeman saw them and thought they were drunk, but they asked him if their hotel was beside the central station. He replied: 'That hotel is already closed. But why don't you go the YMCA* close to the King David Hotel?' 'We're married,' said Sally, 'and I can't stay [live] there.' 'There's one place that's open,' said the policeman. 'It's warm there and we'll give you a cup of coffee while [at the time that] you're thinking about what to do!'
*This is the same in Hebrew.

14.5 Countries and nationalities

As a tourist you are likely to encounter people from many lands. The question you'll hear will be:
מֵאַיִן את/אתה/אתם? or מֵאֵיפֹה אַתְ/אתה/אתם? 'Where are you from?'
Generally the names of countries sound the same in Hebrew as in English. A few do not:

The USA	*artzot habreet*	אַרְצוֹת הַבְּרִית
France	*tzarfat*	צָרְפַת
South Africa	*drom áfrikah*	דְּרוֹם אַפְרִיקָה
Belgium	*bélgiah*	בֶּלְגְיָה
Greece	*yavan*	יָוָן
Jordan	*yarden*	יַרְדֵּן
Spain	*sfarad*	סְפָרָד
China	*seen*	סִין
England	*ángliyah*	אַנְגְלִיָה

In order to express nationality, you add to the names of the countries ִי for the masculine and ִית or ִיָה for the feminine. For example:

an Australian (m)	אוֹסְטְרָלִי	an Australian (f)	אוֹסְטְרָלִית
a German (m)	גֶרְמָנִי	a German (f)	גֶרְמָנִיָּה
a Frenchman	צָרְפָתִי	a Frenchwoman	צָרְפָתִיָּה
a Japanese (m)	יַפָּנִי	a Japanese (f)	יַפָּנִית
Exception: an Italian (m)	אִיטַלְקִי	an Italian (f)	אִיטַלְקִיָּה

The rules for forming the masculine and femine plural apply in all these cases (see 5.1).

In order to make the name of the language, you add the letter ת to the masculine singular form of the nationality. For example:

French	צָרְפָתִית
English	אַנְגְלִית
Japanese	יַפָּנִית
German	גֶרְמָנִית
Italian	אִטַלְקִית

Names of languages are always feminine.

14.6 Compound words using 'house of'

The word -בֵּית 'house of', derived from בַּיִת 'house', precedes many nouns to create compound nouns. For example, בֵּית-סֵפֶר (lit. 'house of a book') is a school. When these compound nouns appear in the definite form, the definite article 'the' (הַ) precedes the **second** word: 'the school' בֵּית-הַסֵּפֶר. Other examples are:

a hospital/the hospital	בֵּית-חוֹלִים/בֵּית-הַחוֹלִים
a synagogue/the synagogue	בֵּית-כְּנֶסֶת*/בֵּית-הַכְּנֶסֶת
a law court/the law court	בֵּית-מִשְׁפָּט/בֵּית-הַמִּשְׁפָּט

NOTE: *Not to be confused with כְּנֶסֶת, Knesset, Israel's Parliament.

In the plural the second part of the compound word – that is, the second noun – remains unaltered, but בַּיִת becomes בָּתֵּי. When the plurals are definite, the הַ is again joined to the second noun:

hospitals/the hospitals	בָּתֵּי-חוֹלִים/בָּתֵּי-הַחוֹלִים
synagogues/the synagogues	בָּתֵּי-כְּנֶסֶת/בָּתֵּי-הַכְּנֶסֶת
law courts/the law courts	בָּתֵּי-מִשְׁפָּט/בָּתֵּי-הַמִּשְׁפָּט

Exercise 111

Answer the following questions:

1 מי עובד בבית-ספר?
2 מֵאֵיפֹה בא פִּיֶטרוֹ?
3 מי עובד בבית-החולים?
4 מאיפה באה סְוֶטלָנָה?

5 איזו שפה מדברים האמֶריקָאים?
6 מי מִתְפַּלֵּל (prays, worships) בבית-הכנסת?
7 מֵאֵיפֹה באים הפּוֹרְטוּגָזִים?
8 איזו שפה מדברים ההוֹלַנְדִים?
9 מי עובד בבית-משפט?

14.7 'Myself, yourself'

The pronoun -עצמ cannot be used on its own and without its suffixes it has no translation. With the correct pronoun suffixes it means 'myself', 'yourself', etc.

myself	*atzmee*	עַצְמִי
yourself (m sing)	*atzm'kha*	עַצְמְךָ
yourself (f sing)	*atzmekh*	עַצְמֵךְ
himself	*atzmo*	עַצְמוֹ
herself	*atzmah*	עַצְמָה
ourselves	*atzménoo*	עַצְמֵנוּ
yourselves (m pl)	*atzm'khem*	עַצְמְכֶם
yourselves (f pl)	*atzm'khen*	עַצְמְכֶן
themselves (m)	*atzmam*	עַצְמָם
themselves (f)	*atzman*	עַצְמָן

If you add ב to the beginning of the above, they become 'by myself', 'by yourself', etc.

Examples:

The children can swim in the pool by themselves	הַיְלָדִים יְכוֹלִים לִשְׂחוֹת בַּבְּרֵכָה בְּעַצְמָם
She saw herself in the mirror	הִיא רָאֲתָה אֶת עַצְמָה בַּרְאִי
Physician, heal thyself!	רוֹפֵא, רַפֵּא אֶת עַצְמְךָ!
He'll build the house by himself	הוּא יִבְנֶה אֶת הַבַּיִת בְּעַצְמוֹ
I, myself, love yoghurt	אֲנִי, עַצְמִי, אוֹהֵב יוֹגוּרְט

VOCABULARY

funfair (m)	*lóonah park*	לוּנָה פָּארְק
country – countries (f)	*érets – aratsot*	אֶרֶץ - אֲרָצוֹת
programme (f)	*tokhneet* (note pronunciation)	תָּכְנִית
crystal ball (m)	*kadoor b'dólakh*	כַּדּוּר בְּדוֹלַח
film star (f)	*kokhévet*	"כּוֹכֶבֶת"

garden (f)	*ginah*	גִּינָה
congratulations!	*mazál tov*	מַזָּל טוֹב!
of course	*kamoovan*	כַּמּוּבָן
future	*ateed*	עָתִיד
tent (m)	*óhel*	אוֹהֶל
ladies and gentlemen	*g'veerotai v'rabotai*	גְבִירוֹתַי וְרַבּוֹתַי
dream – dreams (m)	*khalom – khalomot*	חֲלוֹם - חֲלוֹמוֹת
career (f)	*karyérah*	קַרְיֶרָה
world (m)	*olam*	עוֹלָם
fortune teller (f)	*magédet ateedot*	מַגֶּדֶת עֲתִידוֹת
actor, actress	*sakhkan, sakhkaneet*	שַׂחְקָן, שַׂחְקָנִית
enough	*maspeek*	מַסְפִּיק
even	*aféeloo*	אֲפִילוּ
happiness, a celebration (f)	*simkhah*	שִׂמְחָה
absolutely	*mamash*	מַמָּשׁ
Verbs		
to pass (root & inf)	*la'avor*	לַעֲבוֹר
interferes (m sing)	*mafree'a*	מַפְרִיעַ
to be afraid (of) (root & inf)	*lifkhod, l'fakhed*	פחד: לִפְחוֹד, לְפַחֵד (מִ-)*
stop! (m/f sing)	*tafseek, tafseéki*	תַּפְסִיק, תַּפְסִיקִי
to sleep (inf)	*leeshon*	לִישׁוֹן
they entered	*nikhn'soo*	נִכְנְסוּ
to dream (root & inf)	*lakhalom*	חלם: לַחֲלוֹם

*NOTE: This is an unusual verb in that it takes the *pi'el* form in the present tense: מְפַחֵד etc.

Exercise 112

Translate the following passage:

כל החברים הלכו ללונה פארק ושם מצאו אוהל שבו ישבה מגדת עתידות עם כדור הבדולח על השולחן לפניהָ. הם מיד נכנסו כדי לדעת את העתיד שלהם. אריק קצת פחד מִמגדת הַעתידות ואולי גם מהעתיד שלו! כאשר הם ישבו מגדת העתידות שׂמה את הידים שלה על הכדור:

מגדת עתידות: מה לתת לכם היום, גבירותי ורבותי? חלומות? יש לי הרבה חלומות.

אילנה: אין מה לעשות עם חלומות.* חלומות יש לנו מספיק. אנחנו יכולים לחלום בעצמנו. אנחנו מבקשים את העתיד.

מגדת עתידות: כמובן. (לאילנה:) אַת ראשונה. את ישראלית. את שחקנית ואני רואה שתהיה לך קרירה בקולנוע. תהיי ממש כוכבת!

תסעי להרבה מקומות מקסימים בעולם. תהיי עשירה.
מזל טוב. ועכשו (לאריק:) אתה אריק. אתה אמריקאי.
אתה הולך מאִתנו אבל תבוא לישראל בקיץ הבא ותחזור
אלינו. אתה אפילו תעבוד כאן בבית-המשפט בירושלים.
ואת . . . שושנה . . . (Pause)

אילנה: כן, מה עוד? אל תפסיקי.

מגדת עתידות: אסור לך לדבר, גברת. זה מפריע לשידור. שושנה . . .
אני רואה שִׂמְחָה גדולה. בקרוב. בגינה. (להלן) הלן, את
אחות ,את אַנְגְלִיָה.** את תסעי חזרה ללונדון. תפגשי
רופא חשוב ותקבלי ממנו עבודה בבית-חולים. שמואל ...
(She falls asleep)

אילנה: גברת! לא לישון! בבקשה לא לישון. פִּתְחִי את העיניים!
דַּבְּרִי! קוּמִי!

מגדת עתידות: (waking suddenly) איפה אנחנו? איזו תכנית עכשו?

אילנה: זה לא טלויזיה. זה הכדור שלך.

מגדת עתידות: חבל.

אילנה: ומה יעשה שמואל?

מגדת עתידות: הוא יחזור בקרוב ממילואים ויעבור לחיפה ויעבוד
כחשמלאי בתאטרון ... אתם כולכם תקבלו מה שאתם
מבקשים ותוכלו לעשות מה שאתם רוצים. ועכשו אני
רואה בכדור מה שאני מבקשת: 8 שקלים בבקשה.

NOTES: * This is a colloquialism meaning 'We can do nothing with . . .'
**Note the difference in pronunciation between אַנְגְלִיָה 'an Englishwoman', with the accent on the last syllable, and אַנְגְלִיָה 'England', with the accent on the first syllable.

VOCABULARY

civil (m, f)	*ezrakhee, ezrakheet*	אֶזְרָחִי, אֶזְרָחִית
canopy (f)	*khoopah*	חוּפָּה
usually	*b'derekh klal*	בְּדֶרֶךְ כְּלָל
under	*tákhat*	תַּחַת
war (f)	*milkhamah*	מִלְחָמָה
celebration (f)	*khagigah*	חֲגִיגָה
wedding (f)	*khatoonah*	חֲתוּנָה
tradition (f)	*masóret*	מָסוֹרֶת
sadly	*b'atzvoot*	בְּעַצְבוּת
according to	*l'fee*	לְפִי
church (f)	*kneisiyah*	כְּנֵסִיָה
mosque (m)	*meesgad*	מִסְגָּד
sure (m sing)	*batoóakh*	בָּטוּחַ

| soon | b'karov | בְּקָרוֹב |
| peace (m) | shalom | שָׁלוֹם |

Verbs

to arrange (root & inf)	la'arokh	ערך: לַעֲרוֹךְ
to get married (inf only)	l'hitkhaten	לְהִתְחַתֵּן
I hope (m/f sing)	m'kaveh/m'kavah	אֲנִי מְקַוֶּה/מְקַוָּה
to have a good time (inf)	la'asot saméakh	לַעֲשׂוֹת שָׂמֵחַ

Exercise 113

Translate the passage:

Shoshana and Mr Baron told [said to] their friends that they want to invite them to their wedding.

'Wedding!' said Ilana. 'Congratulations! When will the wedding be?'

'Soon. In two weeks' time,' said Shoshana.

'Where will you (pl) live?' asked Helen.

'After the wedding we'll live here, in Tel Aviv. The wedding canopy will be in Mrs Baron's garden in Petach Tikvah and afterwards there will be a celebration. All our friends will come. Please come early.'

'I don't understand,' said Helen. 'What is a wedding canopy?'

Shoshana replied: 'In Israel Jews are able to get married in a synagogue, but not in a law court as in other countries. That means that there is no civil wedding. Sometimes Israelis arrange weddings outside in gardens, under a canopy, according to tradition.'

Helen said: 'I hope you have good weather. I would like to get married in church. It seems to me that not many people do this any more.'

'In this country many people like to get married in church, in a synagogue or in a mosque,' said Shoshana.

Eric said sadly: 'And afterwards we have to go. I have learned a lot in Israel. I learned how the Jewish people came to Israel from many countries, even from Ethiopia in Africa. I learned about war and peace, I learned about Russians and I learned about myself.'

Helen said: 'Don't worry, Eric. You heard what the fortune teller said. You'll come back to Israel. You'll visit your friends, you'll travel and even work here! And you might even [perhaps you'll even] learn Hebrew in spite of everything.'

Ilana said: 'But first we'll be able to have a good time at the wedding of Shoshana and Yonatan.'

Eric asked: 'Yonatan? Who is he?'

Shoshana replied: 'Mr Baron!'

Lesson 15

15.1 The construct

This is widely used in Hebrew. It is a means of expressing the genitive without using the word 'of' שֶׁל.

Noun plus pronoun suffix

The construct is formed by adding the pronoun suffixes to **nouns**. For example, instead of saying העיתון שלי 'my newspaper' you could, by adding the relevant pronoun suffix, say: עיתוֹנִי. The suffixes will change, as always, according to the person referred to. For example: עיתונךָ 'your (sing) newspaper', עיתונכֶם 'your (pl) newspaper' and so on.

However, this is not always so uncomplicated because the vocalization varies according to the type of noun and where its stresses lie. So you could not say סֵפֶרִי 'my book' but סִפְרִי. 'My house' is בֵּיתִי and not בַּיְתִי. Yet, although you will not be expected to learn these variations in this course, it is useful for you to be able to recognize the construct when it is used in texts, such as newspapers, that you are likely to read.

Noun plus noun

When the noun is not linked to a person but to another noun (as in 'the department of tourism') it is somewhat easier. 'The department of tourism' is correctly rendered as הַמִּשְׂרָד שֶׁל הַתַּיָּרוּת. But if you were to put it into the construct form, you would do the following: drop the definite article (הַ) from the first noun, and drop 'of' (שֶׁל). You are then left with מִשְׂרַד הַתַּיָּרוּת 'the department of tourism' in the construct form. You have already had examples of this usage in the section on compound words (14.6). Those are **always** in the construct form; they never take שֶׁל. Other examples:

	Construct form	*Ordinary (absolute) form*
What is the telephone number?	מה מספר הטלפון?	מה המספר של הטלפון?
This is the building's address	זאת כתובת הבנין	זאת הכתובת של הבנין
I like the colour of the sky	אני אוהב את צבע השמים.	אני אוהב את הצבע של הַשָּׁמַיִם.

Note that the form in the right-hand column is not **incorrect**, but the form in the middle column is more colloquial and commonly used.

When the first noun is a feminine noun ending הָ you change the ה to ת. Examples:

the labour bureau	(הלשכָּה של העבודה)	לִשְׁכַּת העבודה
the wedding of the year	(החתונָה של השנה)	חֲתוּנַת השנה

The plural construct

When masculine plural nouns appear in the construct you will generally be able to identify them by the י at the end. For example:

the offices	הַמִשְׂרָדִים
the offices of	מִשְׂרְדֵי
The bank's offices (the offices of the bank) are always full	משרדֵי (הַמִשְׂרָדִים שֶׁל) הבנק תמִיד מְלֵאִים*
The box-office's tickets are usually expensive	כַּרְטִיסֵי הקוּפה בדֶרֶךְ כְּלָל יקרים
Government ministers are not always nice	שָׂרֵי הַמֶמְשָׁלָה לא תמיד נחמדים

NOTE: * This is a stative verb.

Feminine plural nouns do not change when forming the construct:

the pictures	הַתְמוּנוֹת
the pictures of	תְמוּנוֹת
the museum's pictures	תמונות המוזאון
the cameras	הַמַצְלֵמוֹת
the tourists' cameras	מַצְלֵמוֹת התירים

VOCABULARY AND EXPRESSIONS

flight (f)	*tisah*	טִיסָה
aircraft (m)	*matos*	מָטוֹס
through	*dérkeh*	דֶרֶךְ
profession(s), occupation(s) (m)	*miktzóa (miktzo'ot)*	מִקְצוֹעַ (מִקְצוֹעוֹת)
life (m; always plural)	*khayím*	חַיִים
budget (m)	*taktzeev*	תַקְצִיב
hard, difficult	*kasheh, kashah, kashim, kashot*	קָשֶׁה, קָשָׁה, קָשִׁים, קָשׁוֹת
government (f)	*memshalah*	מֶמְשָׁלָה
white	*lavan, l'vanah, l'vanim, l'vanot*	לָבָן, לְבָנָה, לְבָנִים, לְבָנוֹת

management (f)	*hanhalah*	הַנְהָלָה
I wish, if only	*halváy*	הַלְוַאי*
on the contrary	*l'héfekh*	לְהֵפֶך
all of a sudden!	*mah pit'om*	מַה פִּתְאוֹם?**
it makes no difference	*lo ikhpat li*	לֹא אִיכְפַּת לִי
especially	*b'yikhood*	בְּיִחוּד
what's new?	*mah nishma*	מַה נִשְׁמַע?
what can I offer you? [lit. what to offer you?]	*mah l'hageesh l'kha* etc.	מַה לְהַגִּישׁ לְךָ, לָךְ, לָכֶם, לָכֶן?
certainly, surely	*bétakh*	בֶּטַח
actually	*b'étzem*	בְּעֶצֶם
what do you think? what's your opinion?	*mah da'atkha*	מַה דַּעְתְּךָ?
cheers! [to life!]	*l'kháyim*	לְחַיִּים!
until we meet again	*l'hitra'ot*	לְהִתְרָאוֹת
Verbs (root & inf)		
to fly (in an aircraft)	*latoos*	טוּס: לָטוּס
to sleep (irregular infinitive)	*leeshon*	ישׁן: לִישׁוֹן

NOTES: *This can also be written הלוואי when it is unvocalized.

**This is a very colloquial expression, indicating a small degree of impatience. It presupposes a relaxed and friendly relationship.

Exercise 114

Translate the narrative into Hebrew, and the dialogue into English:

Helen is sitting in the plane. Her flight left [went out from] Ben Gurion Airport at 6.30 p.m. She sits quietly and through the window she sees Israel underneath [down] like a map, with many colours and shapes. She likes flying, especially this flight. She listens to the passengers talking:

א: מַה נשמע?
ב: אני צריך לחזור לאנגליה אבל אני לא אוהב את מזג האוִיר שם.
א: מה פתאום? גרתָ שם כל החיים שלךָ. מה המקצוע שלך?
ב: אני בַּנְקָאִי. זאת אומרת, אני עובד בהנהלת הבנק.
א: באמת? כמו רוֹטשִׁ`ילד (Rothschilds)?
ב: הַלְוואי! להפך, אני עובד בבנק קטן. (הדַיָּל עובר)
דיל: מה להגיש לכם? יין אדום או לבן?
ב: לא איכפת לי. מה דעתך? (הם מקבלים את היין)
א: לחיים! אני בעצם שמח לחזור ללונדון.

ב: לחיים! מה תַּעֲשֶׂה שם? אני זוכר שהיית פעם מורה.
א: עכשו אני מנהל בית-חולים גדול בחיפה.
ב: באמת? זאת עבודה קשה.
א: כן, ביחוד אם אין לנו מספיק אחיות.
ב: אתם בטח מקבלים תקציב גדול מהממשלה.
א: הלוואי!
ב: חבל. טוב, אני הולך לישון.* אני מקוֶה שתמצא את האחיות שלך. לילה טוב!
א: (קם לחזור למקומו) להתראות.

NOTE: * The speaker is using 'I'm going to' as it is used in English:

I am going to read the newspaper	אני הולך לקרוא את העיתון
She's going to get married	היא הולכת להתחתן

15.2 The *hif'il* verbs

You have already encountered the following verbs: מַזְמִין 'invite, order', מַרְגִּישׁ 'feel', מַגִּיעַ 'arrive' and תַּפְסִיקִי 'you will stop'. As you can see, there is a certain structural similarity between them. Originally they were causative verbs; that is, they indicated an action which caused another action (for example, 'feed', 'dictate'). In modern Hebrew this causative function is not always apparent, and many of the most commonly used verbs in this form indicate simple actions. These verbs belong to a group called the *hif'il* group (our Group 6).

Present tense

These verbs take a י between the second and third root-letters in the present (and future) tense. In the present tense they also take a מ before the root, just as the *pi'el* verbs do.

The root תחל 'begin':

I/you/he begin(s) (m sing)	*matkhil*	מַתְחִיל
I/you/she begin(s) (f sing)	*matkhilah*	מַתְחִילָה
we/you/they begin (m pl)	*matkhilim*	מַתְחִילִים
we/you/they begin (f pl)	*matkhilot*	מַתְחִילוֹת

Past tense

In the past tense the *hif'il* verbs take a ה before the root.

I began	*hitkhalti*	הִתְחַלְתִּי
you (m sing) began	*hitkhalta*	הִתְחַלְתָּ
you (f sing) began	*hitkhalt*	הִתְחַלְתְּ
he began	*hitkheel*	הִתְחִיל

she began	*hitkheélah*	הִתְחִילָה
we began	*hitkhálnoo*	הִתְחַלְנוּ
you (m pl) began	*hitkháltem*	הִתְחַלְתֶּם
you (f pl) began	*hitkhálten*	הִתְחַלְתֶּן
they (m & f) began	*hitkheéloo*	הִתְחִילוּ

Future tense

In the future tense there is a י between the second and third root-letters, but otherwise the root is unchanged. The vocalization is different from that of the other verb groups you have learned.

I shall begin	*atkheel*	אַתְחִיל
you (m sing) will begin	*tatkheel*	תַּתְחִיל
you (f sing) will begin	*tatkheélee*	תַּתְחִילִי
he will begin	*yatkheel*	יַתְחִיל
she will begin	*tatkheel*	תַּתְחִיל
we shall begin	*natkheel*	נַתְחִיל
you (m & f pl) will begin	*tatkheéloo*	תַּתְחִילוּ
they (m & f) will begin	*yatkheéloo*	יַתְחִילוּ
Infinitive: to begin	*l'hatkheel*	לְהַתְחִיל

Exercise 115

Alter the sentences according to the words supplied:

1 הוא מַרְגִּישׁ טוב היום. (He feels well today.)
הם - בשבוע שֶׁעבר - היא - אנחנו - מחר - אתם.

2 המטוס יַגִּיעַ* בַּזְּמָן. (The aircraft will arrive in time.)
הם - אתמול - אני - אתם - היום - בחודש הבא.

3 אנחנו הִתְחַלְנוּ ללמוד לאט. (We began to learn slowly.)
הוא - את - היום - בעוד שנה - אתם - בשנה שעברה.

4 בבקשה לְהַזְמִין דָּג מָלוּחַ. (Please order [some] salt herring.)
אתמול אתם - היא - עכשָׁו - אתה - מחר - הם - אני.

NOTE: *You will have noticed that there is a letter missing in this verb. The root is נגע but since the נ is a weak letter it is often dropped, as you have seen, for example, in the past and future tenses of the verb נתן 'give' and the future tense of the verb נסע 'travel'. The first person past tense of נגע is הִגַּעְתִּי; present tense מַגִּיעַ; future tense אַגִּיעַ. It is, in fact, no different from the other *hif'il* verbs except that it lacks its first root-letter.

15.3 Using a dictionary

You should now have sufficient knowledge of the basic grammatical forms upon which to build greater proficiency in Hebrew. If you want to look up verbs in the dictionary you have to reduce them to their three-letter root and then look up the root. For example, if you wish to look up תִּצְחֲקוּ you can recognise the form as being in the future tense. You then drop the prefix and suffix and look up the root צ,ח,ק 'laugh'. There are, of course, many more complicated verbal forms. Since you are looking for three root-letters you will be able to experiment with dropping prefixes and suffixes until you discover the root.

In some verb forms the three root-letters are preceded by ה and have a י between the second and third root-letter. You have already encountered this pattern in הִזְמִין 'ordered, invited' and מַרְגִּישׁ 'feel'. You have to drop the ה and the י in order to discover the root (respectively, זמן and רגשׁ). In a good dictionary you will see numerous forms of the verb listed under the root, and you will find the one you need among them. Remember that there is a מ in the present tense before the root of *pi'el* verbs.

How do you know whether the nouns you want to look up are in the construct form, such as, for example, תְּחִלַּת הַלִּימּוּדִים (which means 'the start of the school year') instead of הַתחלה של הלימודים? This comes with experience, but if a noun ends with ת and you can't find it in the dictionary, try substituting ה for the ת, תחלה for תחלת. Also remember that nouns in the construct form are always followed by another noun.

Exercise 116

Translate the passage, looking up the new words. Use a standard Hebrew-English dictionary if possible or, failing that, the Mini-dictionary at the back of this book. The passage is vocalized. In the dictionary you will see that there are small variations in the vocalization of some of the nouns in the passage. This is because they appear in your passage in the construct form, and in the dictionary in the ordinary or absolute form. Some dictionaries list the construct form in brackets. Pay no attention to these variations.

לִפְנוֹת עֶרֶב עֶדְנָה שָׁטְפָה אֶת הַכֵּלִים וְסִדְּרָה אֶת חֲדַר-הָאוֹרְחִים. הִיא חָשְׁבָה שֶׁזֹּאת הִזְדַּמְּנוּת טוֹבָה לִכְתּוֹב פֶּרֶק שָׁלֵם. הִיא רָאֲתָה אֶת הָעֵט הַכָּחוֹל בַּמֶּרְכַּז סֵפֶר הַסִּפּוּרִים הַפָּתוּחַ, וְהִיא הִדְלִיקָה אֶת הָאוֹר וְיָשְׁבָה לְיַד שׁוּלְחַן הַכְּתִיבָה שֶׁלָּהּ. בַּחוּץ הָיָה חוֹשֶׁךְ, וּפִתְאֹם הִיא שָׁמְעָה קוֹל . . .

VOCABULARY

solution (m)	*pitaron*	פִּתָּרוֹן
body (m)	*goof*	גּוּף
payment (m)	*tashloom*	תַּשְׁלוּם
continuation (m)	*hemshekh*	הֶמְשֵׁךְ
temporary	*zmanee*	זְמַנִּי
minister(s) (m)	*sar(im)*	שַׂר(ים)
management (f)	*hanhalah*	הַנְהָלָה
decision (f)	*hakhlatah*	הַחְלָטָה
yet	*adáyin*	עֲדַיִן (עדיין)

Exercise 117

The following is a passage taken from the beginners' newspaper שַׁעַר לַמַּתְחִיל. Read it aloud, and then underline the examples of the construct form. Only the most important words are listed in the vocabulary above.

נִמְצָא פִּתְרוֹן זְמַנִּי
לְהֶמְשֵׁךְ הַשִּׁידוּרִים
בַּטֶּלֶוִויזְיָה וּבָרַדְיוֹ

ב״1 במארס עמדה הנהלת רָשׁוּת-השידור להפסיק את רוב שידורֵי הטל-וויזיה והרדיו. זאת לאחר שאין עדיין גוף מנהל חדש לרשות-השידור, אין החלטה על תשלום הָאֲגָרָה, ואין תקציב להמשך השידורים.

שָׂרֵי הממשלה פעלו כדי שהשידו-רים יִימָשכו. משׂרד האוצר הסכים להע-ביר תקציב זמני, כדי לאפשר את הֶמְשֵׁך השידורים.

Revision lesson

Exercise 118

1 Read the following passage, changing the underlined verbs and expressions of time to the future tense:

הטיסה הַשְּׁבוּעִית של אֶל-עַל לְסִין לא יצאה בשבוע שעבר. זה היה בגלל מספר קטן של נוסעים. רק 20 נוסעים קנו כרטיסים לטיסה, ובמטוס הַגַ`מְבּוֹ (jumbo) של אל-על שֶׁטָּס לסין יש 450 מקומות. הנוסעים עברו לטיסה אחרת.

2 The following passage makes absolutely no sense because it is all in the future tense. If you read it again, this time changing the underlined verbs to the **past** tense, the little joke will make perfect sense.

"נְעֹמִי," יִכְתּוֹב הבחור לחברה שלו, "אֲבַקֵּשׁ ממך להתחתן אתי, ואני לא זוֹכֵר אִם תַּעֲנִי לי `כן` או `לא`." "שמוּאֵל," תַּעֲנֶה נעמי, "אֶשְׂמַח לקבל את המכתב. אוֹמַר* `לא` למישהו, אבל אני אֶשְׁכַּח מי זה יִהְיֶה."

NOTE: *The verb אמר (say) has an irregular future: אוֹמַר.

Exercise 119

Translate the following sentences:

1 This train is as good as a plane.
2 But the plane arrives earlier than the train.
3 Is El-Al (f) better than BA?
4 This is the best flight.
5 He always thinks he's bigger than I am.

Exercise 120

You have not yet had a comprehensive exercise on infinitives. In the following sentences you are given the roots of the verbs. Convert each root into its infinitive and then the sentences will make sense.

1 אתה רוצה (נסע) או (הלך)?
2 אתה רוצה (ישב) או (קום)?
3 בבקשה (פתח) את החלון ו(ראה) את הנוף.
4 בבקשה (עבד) בבית היום.
5 הוא לא יכול (שאל) את המורה או (ענה) לו.
6 את רוצה (דבר) או (שמע)?
7 אתה צריך (קנה) ו(שלם).
8 היא רוצה (קבל) או (שלח)?
9 הם רוצים (חזר) ו(בוא).
10 אני צריכה (לקח) ו(נתן).

Exercise 121

A little dog has run away in the park. Its owner is instructing her son to find it. Translate her instructions, using either the future or the imperative for her commands:

'Go to that woman - no, not to **them**, the woman in front of them. Then turn left. Can you see the little cafe? There's no one in it. Open the door - no, the door is already open - and you'll find some chairs. Take a chair and stand on it. You'll see the garden. Yes, **stand** on it, otherwise you won't be able to see through the window. Don't be afraid. When you see him, run like the wind - he'll run more quickly than you! Don't worry, you'll find him if you look for him. When you have him [When he's with you], let him drink and eat. He'll be hungry and thirsty. Then we'll go home in the bus.'

For old time's sake, and to make sure you've pronounced the passage correctly in Hebrew, vocalize it; that is, write the vowels under the words of the Hebrew translation in the Key to exercises. Then compare your version with the vocalized version in the key. Don't worry if the vowels are not perfectly correct, as long as your pronunciation is correct.

Appendix: Hebrew script

The printed alphabet which you have learned is not used when writing Hebrew by hand. For your interest, here is an introduction to the Hebrew script alphabet. It is given on the right below, with the printed alphabet to the left of it. As you can see, not all the script letters are very different from the printed ones. Look at the script alphabet, and then try to read the passage the follows it (which is a letter). You will have to look up some of the words in the dictionary; remember, they will be in the printed alphabet.

פּ	פּ	כּ	כּ	א	א
פ	פ	כ	כ	בּ	בּ
ף	ף	ך	ך	ב	ב
צ	צ	ל	ל	ג	ג
ץ	ץ	מ	מ	ד	ד
ק	ק	ם	ם	ה	ה
ר	ר	נ	נ	ו	ו
שׁ	שׁ	ן	ן	ז	ז
שׂ	שׂ	ס	ס	ח	ח
ת	ת	ע	ע	ט	ט
				י	י

Exercise 122

לְגִילָה הַיְקָרָה שָׁלוֹם רַב,

סוֹף סוֹף הִגַּעְתִּי הַבַּיְתָה אַחֲרֵי טִיסָה מְאוֹד נְעִימָה אֲבָל הַצַּד הַשֵּׁנִי שֶׁל הַמַּטְבֵּעַ הוּא שֶׁכְּבָר מָחָר אֲנִי מַתְחִיל לַעֲבוֹד, לִפְנֵי שֶׁתִּהְיֶה לִי הִזְדַּמְּנוּת לְסַדֵּר אֶת הַדִּירָה, לַעֲשׂוֹת קְנִיּוֹת וּלְהָכִין (כון root) אוֹכֶל. וַאֲנִי יוֹדֵעַ שֶׁבַּמִּשְׂרָד מְחַכּוֹת (חכה root) לִי הַרְבֵּה בְּעָיוֹת.
אֲנִי רוֹצֶה לוֹמַר לָךְ תּוֹדָה רַבָּה עַל מַה שֶּׁעָשִׂית בִּשְׁבִילִי כַּאֲשֶׁר הָיִיתִי אֶצְלְכֶם בְּיִשְׂרָאֵל. הַכֹּל הָיָה נִפְלָא: הַטִּיּוּלִים, הַקּוֹנְצֶרְטִים, הַסְּפּוֹרְט וּבְיִחוּד הָאֲרוּחוֹת.
לְהִתְרָאוֹת,
שֶׁלָּךְ
בִּיל.

Key to exercises

LESSON 1

Exercise 2:
aval, báyit, gar, délet, har, v'et, zoog, khets, yá'an, kóva, bakhtah, lagam, nes, or, pérakh, safah, kof, tsook, résheṭ

Exercise 3:

3	5	6	4	4	4	6	3	11
חָ	זָ	וּ	וֹ	ה	ד	ג	בֵ	אַ
10	9	2	11	5	5	12	12	2
ם	ם	ם	ם	מַ	ל	כּ	י	טַ
7	8	10	7	8	2	12	6	8
צַ	ף	פָ	פּ	עָ	עַ	ם	ס	נָ
		11	10	1	9	3	1	7
		תֶ	שָׁ	שׁ	שֵׁ	ר	קַ	ץ

1 קַשׁ 2 טַעַם 3 חָבֵר 4 הוֹד 5 מַזָּל 6 סוּג 7 פָּצַץ 8 עָנָף 9 שֵׁם
10 שָׁפָם 11 אַתֶּם 12 כִּים

Exercise 4
Transliteration: 1 Anee tayar v'anee m'vaker b'Yisra'el akhshav. 2 Anee m'daber ivrit. 3 Báti b'matos El-Al miNew York l'Tel-Aviv. 4 Ani tsareekh l'talfen, aval en li aseemon. 5 Ten li bevakashah bakbook meets-tapoozim. 6 Kámah olah Koka-Kola? Todah rabah. Shalom.

Translation: 1 I am a tourist and I am visiting Israel now. 2 I speak Hebrew. 3 I came on an El-Al aircraft from New York to Tel Aviv. 4 I must phone, but I don't have a token. 5 Please give me [Give me please] a bottle of orange juice. 6 How much is Coca-Cola? Thank you. Goodbye.

Exercise 5
Transliteration: 1 B'vakashah, ten li et hatélefon. 2 Sleekhah, kakh et haséfer. 3 Hee ra'atah panas yafeh ba'ótoboos. 4 Anee gam lo gar b'Tel-Aviv. 5 John holekh l'taiatron makhar.

152

Translation: 1 Please give me the telephone. 2 Excuse me, take the book. 3 She saw a nice torch in the bus. 4 I don't live in Tel Aviv either. 5 John is going to the theatre tomorrow.

LESSON 2

Exercise 6

Transliteration:

Shmuel: Shalom. Anee Shmuel.
Helen: Shalom. Anee Helen miLondon.
Shmuel: Shalom, Helen. Brookhah haba'ah. *(to Ilana)* Mee at?
Ilana: Anee Ilana. Mah shlomekh, Helen?
Helen: Tov m'od, todah. Mah shlomkha, Shmuel?
Shmuel: Hakol b'seder. Sleekhah. Mee hoo?
Helen: Hoo Eric. Hoo tayar.
Shmuel: Eric miLondon?
Helen: Lo, Eric miNew York.
Shmuel: Shalom, Eric, mah shlomkha?
Eric: *(completely bewildered)* Daber l'at b'vakashah. Anee tayar. Anee lo miYisra'el. Anee lo meveen ivreet.
Helen: Daber l'at b'vakashah, Shmuel. Hoo miNew York. Hoo tayar. Gam anee tayeret. Gam anee lo meveenah ivreet.
Shmuel: (l'at) Anee Shmuel. Hee Ilana. Atah Eric. B'seder?
Eric: Tov m'od. Okay. Hakol b'seder.

Translation:

Samuel: Hello, I'm Samuel.
Helen: Hello, I'm Helen, from London.
Samuel: Hello, Helen. Welcome. (to Ilana) Who are you?
Ilana: I'm Ilana. How are you, Helen?
Helen: Very well, thank you. And how are you, Samuel?
Samuel: Everything's fine. [lit. All's well.] Excuse me. Who's he?
Helen: He's Eric. He's a tourist.
Samuel: Is Eric from London? [lit: Eric is from London?]
Helen: No, Eric is from New York.
Samuel: Hello, Eric. How are you?
Eric: (completely bewildered) Speak slowly, please. I'm a tourist. I am not from Israel. I don't [not] understand Hebrew.
Helen: Speak slowly, please, Samuel. He is from New York. He is a tourist. I am also a tourist. I also don't [not] understand Hebrew.

Samuel: (slowly) I'm Samuel. She's Ilana. You're Eric. OK?
Eric: Very good. OK. Everything's fine.

Exercise 7

1 אֲנִי[---]. 2 אַתָּה לֹא [---]. 3 מִי אַתָּה? מִי אַתְּ? 4 אוֹ, אַתָּה שְׁמוּאֵל! 5 טוֹב, הוּא אֶרִיק. 6 הוּא גַּם תַּיָּר. 7 אֲנַחְנוּ מִנְיוּ-יוֹרְק. גַּם הִיא? 8 לֹא, לֹא הִיא. הִיא מִלּוֹנְדוֹן. 9 מַה שְׁלוֹמְךָ, שְׁמוּאֵל? 10 אֲנִי? בְּסֵדֶר! מַה שְׁלוֹמֵךְ הֶלֶן? 11 דַּבֵּר לְאַט בְּבַקָּשָׁה. אֲנִי תַּיָּר. אֲנִי תַּיֶּרֶת. 12 אֲנִי לֹא מֵבִין עִבְרִית. אֲנִי לֹא מְבִינָה עִבְרִית.

LESSON 3

Exercise 8

1 לַמָּלוֹן 2 לְאֶרִיק 3 בְּחֶדֶר 4 בַּחֲדַר הָאַמְבַּטְיָה 5 בַּקָּפֶה 6 בְּאוֹטוֹבּוּס
7 בְּתֵל-אָבִיב 8 לַקִּיבּוּץ

Exercise 9

Transliteration:

Ilana: Hineh sdeh-hat'oofah Ben-Gurion. Hineh gam sheroot.
N'hag hashairoot: L'an?
Shmuel: l'Tel Aviv, b'vakashah. R'khov Ben-Yehóodah.
Ilana: Eric, hineh hasheroot l'Tel-Aviv.
Eric: Shalom! Shalom! Anee tayar!
Helen: Hineh gam ótoboos, v'gam moneet.
Eric: L'Tel-Aviv b'sheroot, lo b'ótoboos.
Shmuel: Hineh hamalon b'r'khov Ben-Yehóodah. Atem sof-sof b'Tel-Aviv.
Helen: Tov m'od. Anákhnoo sof-sof bamalon. Aifoh hamizvadot?
Shmuel: Hineh hamizvadot, bakhéder. Hakol beséder?
Helen: Hakol beséder. Hineh gam kafeh v'khalav. Gam khadar-ha'ambátyah.
Eric: V'gam meets-tapoozim. Ha'arookhah bakhéder, hakhaverim bakhéder, hatayarim bakhéder . . . B'taiavon, khaverim!
Helen: Eric, daber l'at, b'vakashah!

Translation:

Ilana: Here is Ben-Gurion airport. Here's a communal taxi as well.
Taxi driver: Where to?
Samuel: To Tel Aviv, please. Ben-Yehuda Street.
Ilana: Eric, here's the communal taxi to Tel Aviv.
Eric: Hello, hello! I'm a tourist!
Helen: Here's a bus and a taxi as well.
Eric: To Tel Aviv in a communal taxi, not a bus.
After a while:
Samuel: Here's the hotel in Ben-Yehuda Street. You're finally in Tel Aviv.
Helen: Very good. We're finally in the hotel. Where are the suitcases?
Samuel: Here are the suitcases, in the room. Is everything OK?
Helen: Everything's fine. Here's coffee and milk, too. Also the bathroom.
Eric: And also orange juice. The meal is in the room, the friends are in the room, the tourists are in the room ... Bon appétit, friends!
Helen: Eric, speak slowly, please!

Exercise 10

1 הִיא תַּיֶּרֶת. 2 הֵם חֲבֵרִים. 3 אֲנַחְנוּ בָּחוּרִים. 4 אַתֶּם בְּתֵל-אָבִיב.
5 הֵם בַּחֶדֶר. 6 הוּא בַּחֶדֶר.

Exercise 11

1G, 2D, 3E, 4B, 5A, 6H, 7F, 8C

Exercise 12

אֲנִי אֶרִיק וַאֲנִי תַּיָּר בְּתֵל-אָבִיב. הֶלֶן גַּם תַּיֶּרֶת וַאֲנַחְנוּ חֲבֵרִים*. אֲנִי מִנְיוּ-יוֹרְק וְהִיא מִלוֹנְדוֹן. אֲנַחְנוּ בַּמָּלוֹן בִּשְׂדֵה-הַתְּעוּפָה. בְּתֵאָבוֹן! הָאֲרוּחָה בַּחֶדֶר: קָפֶה, חָלָב, וּמִיץ-תַּפּוּזִים. הַכֹּל לֹא בְּסֵדֶר. הַמִּזְוָדוֹת לֹא בַּחֶדֶר. הֵן לֹא בַּחֲדַר-הָאַמְבַּטְיָה. הֵן בְּגוּאָטֶמָלָה.

NOTE: *Remember that when it refers to mixed genders in a sentence, the noun takes the masculine plural form.

Transliteration:

Anee Eric v'anee tayar b'Tel-Aviv. Helen gam tayeret v'anákhnoo khaverim. Anee miNew York v'hee miLondon. Anákhnoo bamalon basdeh-hat'oofah. B'taiavon! Ha'arookhah bakhéder: kafeh, khalav v'meets-tapoozim. Hakol lo b'séder. Hamizvadot lo bakheder. Hen lo bakhadar-ha'ambátyah. Hen b'Guatemala.

155

LESSON 4

Exercise 13

1 הוּא הוֹלֵךְ   אֲנַחְנוּ הוֹלְכִים   הֵם הוֹלְכִים
2 הִיא אוֹכֶלֶת   אֲנִי אוֹכֵל   הֵן אוֹכְלוֹת
3 אֲנִי מְדַבֵּר/מְדַבֶּרֶת עִבְרִית   אַתֶּם מְדַבְּרִים עִבְרִית   הִיא מְדַבֶּרֶת עִבְרִית
4 אֲנַחְנוּ מְבַקְשִׁים יַיִן   אַתָּה מְבַקֵּשׁ יַיִן   אַתְּ מְבַקֶּשֶׁת יַיִן

Exercise 14

1D Eric seldom eats breakfast.   2C Sometimes Ilana and Helen go
down to the sea.   3F Now I am speaking Hebrew.   4A Today we are
standing beside the ticket office.   5E You frequently go to a museum.
6B You always ask for a glass [of] wine.

Exercise 15

Translation:

  Ilana: Good morning, Eric, how are you?
   Eric: Good morning, Ilana. Everything's fine. Where are we going
today?
  Ilana: We're going to the museum. Are you eating breakfast in the room?
   Eric: Thank you. I'd like [I'm asking for] a little coffee and orange
juice.
  Ilana: Here is a glass of juice. Hello, Samuel and Helen! Are you
also going to the museum?
Samuel: Not today, Ilana. We're going [down] to the sea.
  Helen: Where is the museum?
  Ilana: In Hayarkon Street. We stand in the queue at [next to] the
ticket office, we ask for tickets and [we] pay. Sometimes we
also eat and even ask for a glass of wine.
  Helen: What fun! We're not going [down] to the sea, Samuel, we're
also going to the museum.
Samuel: (with a sigh) OK. We're going to the museum. We always go
to the museum.

Transliteration:

  Ilana: Bóker tov, Eric, mah shomkhah?
   Eric: Bóker tov, Ilana. Hakol beséder. L'an anákhnoo holkhim hayom?
  Ilana: Anákhnoo holkhim lamoozaion. Atah okhel arookhat bóker
bakhéder?
   Eric: Todah. Akhshav anee m'vakesh m'at kafeh v'meets
[oomeets]-tapoozim.

Ilana: Hineh kos meets. Shalom Shmuel v'Helen! Atem gam holkhim lamoozaion?
Shmuel: Lo hayom, Ilana. Anákhnoo yordim layam.
Helen: Aífoh hamoozaion?
Ilana: B'r'khov Hayarkon. Anákhnoo omdim bator al yad hakoopah, anákhnoo m'vakshim karteesim v'anákhnoo m'shalmim. Lif'amim anákhnoo gam okhlim v'afeéloo m'vakshim kos yáyin.
Helen: Aízeh kaif! Anákhnoo lo yordim layam, Shmuel, anákhnoo gam holkhim lamoozaion.
Shmuel: Okay. Anákhnoo holkhim lamoozaion. Anákhnoo tameed holkhim lamoozaion.

Exercise 16

מִי עוֹמֵד בַּתּוֹר?
מִי הוֹלֵךְ הַיּוֹם לַמּוּזֵאוֹן?
מָתַי הוֹלְכִים הַתַּיָּרִים לַמּוּזֵאוֹן?
לְאָן הוֹלְכִים הַתַּיָּרִים?
אֵיפֹה עוֹמְדִים הַתַּיָּרִים?
אֵיפֹה הַתּוֹר?
אֵיפֹה הַמּוּזֵאוֹן?

Exercise 17

1 אֶרִיק מְבַקֵּשׁ, בְּעִבְרִית, קָפֶה בַּחֶדֶר. 2 לְעִתִּים קְרוֹבוֹת אִילָנָה אוֹכֶלֶת אֲרוּחָה וְלֶחֶם. 3 הֵם הוֹלְכִים לָאוֹטוֹבּוּס, לֹא לְמוֹנִית. 4 אֲנִי לִפְעָמִים מְדַבֶּרֶת עִבְרִית. אַתָּה, ג'וֹן, מְדַבֵּר עִבְרִית? 5 אֲנִי מְבַקֵּשׁ כּוֹס יַיִן וְהוּא מְבַקֵּשׁ כּוֹס מִיץ תַּפּוּזִים. 6 חֲבֵרִים, לְאָן אַתֶּם הוֹלְכִים? אֲנַחְנוּ לֹא יוֹרְדִים לַיָּם עַכְשָׁו. 7 הֵם הוֹלְכִים לְקוֹנְצֶרְט הַיּוֹם? 8 בּוֹקֶר טוֹב, הֶלֶן. מַה שְּׁלוֹמֵךְ הַיּוֹם? 9 סוֹף-סוֹף אֲנִי עוֹמֵד/עוֹמֶדֶת בַּתּוֹר עַל יַד הַקּוּפָּה. 10 הִיא תַּיֶּרֶת וְהִיא תָּמִיד הוֹלֶכֶת לַמּוּזֵאוֹן. 11 הוּא מְבַקֵּשׁ מְעַט מִיץ תַּפּוּזִים. 12 אַתְּ מְבִינָה עִבְרִית, הֶלֶן?

Exercise 18

1C, 2G, 3F, 4A, 5H, 6D, 7B, 8E

LESSON 5

Exercise 19

1 אנחנו אוֹכְלִים אֲרוּחָה יְקָרָה. 2 הַתַּיָּרִים הַנֶּחְמָדִים בְּיִשְׂרָאֵל. 3 הַיָּם יָפֶה מְאֹד הַיּוֹם. 4 חֲבֵרִים טוֹבִים עוֹמְדִים בְּתוֹר. 5 הָאֲרוּחוֹת קָרוֹת. 6 הָאוֹטוֹבּוּסִים גְּדוֹלִים. 7 הַבָּחוּרוֹת הַיְקָרוֹת יוֹרְדוֹת לַיָּם. 8 יוֹם חָם 9 אֲפִילוּ הַלֶּחֶם יָקָר. 10 הַיָּם הַקַּר 11 הַקָּפֶה חָם בַּמָּלוֹן הַיָּשָׁן. 12 הַמָּלוֹן רָחוֹק מֵהַמּוּזֵאוֹן הֶחָדָשׁ.

Exercise 20

1 אילנה קוֹנָה אֶת הַכַּרְטִיסִים הַיְקָרִים. 2 אריק מְבַקֵּשׁ אֶת הַחֶדֶר הַגָּדוֹל.
3 הַבָּחוּרִים רוֹצִים לִקְנוֹת אֶת הָעִיתוֹן בַּחֲנוּת. 4 אנחנו רוֹאִים אֶת הָעִיר
הַיָּפָה, יְרוּשָׁלַיִם. 5 שמואל שׁוֹתֶה אֶת הַמִּיץ הַקַּר. 6 הַבָּחוּרוֹת מְבַקְּשׁוֹת
אֶת הַתֵּה הַחַם. 7 אני אוֹכֵל אֶת הָאֲרוּחָה הַטּוֹבָה.

Exercise 21

The coffee in the hotel is very good.	1 הַקָּפֶה בַּמָּלוֹן טוֹב מְאֹד.
Tel Aviv is far from Jerusalem.	2 תֵּל-אָבִיב רְחוֹקָה מִירוּשָׁלַיִם.
Today is cold and we're going down to the sea.	3 הַיּוֹם קַר וְאנחנו יוֹרְדִים לַיָּם.
This shop is small.	4 הַחֲנוּת הַזֹּאת קְטַנָּה.
This is an old newspaper.	5 זֶה עִיתוֹן יָשָׁן.

Exercise 22

Translation:

Ilana: Good morning, friends! It's a nice day today! We are going to buy maps.

Eric: Where does one buy maps?

Ilana: We buy the maps in a shop or a hotel in the city. Do you want to see the city?

Eric: Yes, I want to very much.

Samuel: In which street in the city?

Ilana: In Dizengoff Street. You turn left out of [from] the hotel and right into Dizengoff (Street).

A little later, in the shop:

Shop assistant: Good morning. Please. What would you like? [What do you want?]

Ilana: We want to buy a good map. Today we are in Jerusalem.

S-a: Are they tourists?

Ilana: Eric and Helen are tourists, Samuel isn't.

S-a: Fine. Jerusalem is a very beautiful city. There are large and small maps. This is a good map.

Samuel: How much is this map [does this map cost]?

S-a: It isn't expensive. Where are you going in Jerusalem?

Ilana: We want to see the Western Wall, Mount Scopus, the Hebrew University and the Old City.

S-a: There's also a theatre in Jerusalem.

Helen: Yes, and also a museum.

Eric: I don't want to see the museum in Jerusalem.

158

Ilana: Why not, Eric?

Eric: Because there are museums in Tel Aviv. There are museums in New York. There are museums in London. There are ...

Samuel: OK, Eric. We aren't going to the museum! (To s-a:) How much is this map?

S-a: Why? The friend is buying the map, not you.

Samuel: She buys – I pay.

Transliteration:

Ilana: Boker tov, khaverim! Yom yafeh hayom! Hayom anakhnoo holkhim liknot mapot.

Eric: Aifoh konim mapot?

Ilana: Konim et hamapot b'khanoot o b'malon ba'eer. Atah rotseh lir'ot et ha'eer?

Eric: Anee m'od rotseh.

Shmuel: B'aizeh r'khov ba'eer?

Ilana: B'rhov Dizengoff. Atah poneh smolah mihamalon, v'y'meenah l'Dizengoff.

Khenvaneet: Boker tov. B'vakashah. Mah atem rotsim?

Ilana: Anakhnoo rotsim liknot mapah tovah. Hayom anakhnoo b'Y'rooshalayim.

Khenvaneet: Hem tayarim?

Ilana: Eric v'Helen tayarim, Shmuel lo.

Kh: Beseder. Y'rooshalayim eer yafah m'od. Yesh mapot g'dolot v'ktanot. Zot mapah tovah.

Shmuel: Kamah olah hamapah hazot?

Kh: Hee lo y'karah. L'an atem holkhim b'Y'rooshalayim?

Ilana: Anakhnoo rotsim lir'ot et hakotel hama'aravee, har hatsofim, ha'ooniverseetah v'ha'eer ha'ateekah.

Kh: Yesh gam taiatron b'Y'rooshalayim.

Helen: Ken, v'gam moozaion.

Eric: Anee lo rotseh lir'ot et hamoozaion b'Y'rooshalayim.

Ilana: Lamah lo, Eric?

Eric: Kee yesh moozaionim b'Tel-Aviv. Yesh moozaionim b'New York. Yesh moozaionim b'London. Yesh ...

Shmuel: Okay, Eric, anakhnoo lo holkhim l'moozaion! [l'khenvaneet] Kamah olah hamapah hazot?

Kh: Lamah? Hakhaverah konah et hamapah, lo atah.

Shmuel: Hee konah – anee m'shalem.

Exercise 23

1 לְאָן אנחנו הוֹלְכִים הַיּוֹם? אנחנו הוֹלְכִים לַתֵּאַטְרוֹן הַיּוֹם. 2 מַה היא רוֹאָה? היא רוֹאָה אֶת הַחֲנוּת. 3 מַה הם מְבַקְשִׁים? הם מְבַקְשִׁים יַיִן קַר. 4 מַה הוא קוֹנֶה? הוא קוֹנֶה בִּנְיָן בָּעִיר. 5 מַה הוא מְדַבֵּר? הוא מְדַבֵּר עִבְרִית. 6 מַה אני רוֹצָה/רוֹצֶה? אני רוֹצָה/רוֹצֶה תֵּה חָם. 7 מַה הם אוֹכְלִים? הם אוֹכְלִים אֶת הָאֲרוּחָה הַטּוֹבָה.

Exercise 24

שמואל: אנחנו עוֹמְדִים עַל-יַד הָאוּנִיבֶרְסִיטָה. מַה אתה רוֹאֶה, אריק?
אריק: זֶה בִּנְיָן יָפֶה.
אילנה: יֵשׁ בִּנְיָנִים יָפִים בִּירוּשָׁלַיִם. את רוֹצָה לִרְאוֹת אֶת הַכֹּתֶל הַמַּעֲרָבִי?
הלן: כֵּן, אני רוֹצָה לָרֶדֶת לָעִיר הָעַתִּיקָה. אני גַּם רוֹצָה לִשְׁתּוֹת מִיץ-תַּפּוּזִים קַר.
אריק: לָמָּה?
הלן: כִּי חָם מְאֹד הַיּוֹם.
שמואל: זֹאת חֲנוּת טוֹבָה. (לַחֶנְוָנִית) אני רוֹצֶה לִקְנוֹת מִיץ-תַּפּוּזִים, בְּבַקָּשָׁה. וְעִיתּוֹן.
הלן: אני מְבַקֶּשֶׁת יַיִן קַר.
אריק: אני רוֹצָה בִּירָה. יֵשׁ בִּירָה טוֹבָה בִּירוּשָׁלַיִם?
שמואל: כֵּן, טוֹבָה מְאֹד. אַתְּ רוֹצָה לְשַׁלֵּם, הלן?
הלן: כֵּן, אני מְשַׁלֶּמֶת. סְלִיחָה, אֵיפֹה הַשֵּׁרוּתִים?*
חֶנְוָנִית: אַתְּ פּוֹנָה שְׂמֹאלָה, יֵשׁ מָלוֹן וְהַשֵּׁרוּתִים בַּמָּלוֹן. זֶה לֹא רָחוֹק.
הלן וְאילנה: סוֹף-סוֹף!

*Note the difference between שֵׁרוּת (communal taxi) and שֵׁרוּתִים (toilets). For your interest, they both have a common root: שרת which means 'service'.

Transliteration:

Shmuel: Anákhnoo omdim al-yad haooniverseetah. Mah atah ro'eh, Eric?
Eric: Zeh binyan yafeh.
Ilana: Yesh binyanim yafim b'y'rooshaláyim. At rotsah lir'ot et hakótel hama'aravee?
Helen: Ken, anee rotsah larédet la'eer ha'ateekah. Anee gam rotsah lishtot meets tapoozim kar.
Eric: Lámah?
Helen: Kee kham m'od hayom.
Shmuel: Zot khanoot tovah. (Lakhenvaneet) Anee rotseh liknot meets tapoozim, b'vakashah. V'eeton.

Helen:	Anee m'vakéshet yáyin kar.
Eric:	Anee rotseh beérah. Yesh beérah tovah b'y'rooshaláyim?
Shmuel:	Ken, tovah m'od. At rotsah l'shalem, Helen?
Helen:	Ken, anee m'shalémet. Sleekhah, aífoh hasherootim?
Khenvaneet:	At ponah smólah. Yesh malon v'hasherootim bamalon. Zeh lo rakhok.
Helen v'Ilana:	Sof-sof!

REVISION LESSON

Transliteration of passage:

Harbeh tayarim holkhim bar'khov b'Tel-Aviv. Hem ponim smóla v'ro'im et hakhanoot hag'dolah. Yesh otoboósim oomoniyot bar'khov v'yesh gam malon yafeh. Bamalon hem omdim b'tor, konim karteesim v'okhlim arookhat bóker. Sof-sof hem rotsim l'shalem v'larédet layam.

Translation:

Many tourists walk [are walking] in the street in Tel Aviv. They turn left and see the big shop. There are buses and taxis in the street and there is also a beautiful hotel. In the hotel they stand in a queue, buy tickets and eat breakfast. Finally they want to pay and go down to the sea.

Exercise 25

1 The tourists are walking in the street in Tel Aviv. 2 They see the big shop. 3 There is a beautiful hotel. 4 To the left. 5 They buy tickets. 6 They stand in a queue. 7 They eat breakfast. 8 They want to go down to the sea.

Exercise 26

אֵיפֹה הוֹלְכִים הַתַּיָּרִים? אֵיפֹה הָרְחוֹב? לְאָן הֵם פּוֹנִים? מַה הֵם
רוֹאִים? אֵיזוֹ חֲנוּת הֵם רוֹאִים?

Exercise 27

(a) 1, 2, 4, 6, 7, 8, 10 (b) 3, 5, 9

Exercise 28

הוֹלֵךְ, הוֹלֶכֶת פּוֹנֶה, פּוֹנָה רוֹאֶה, רוֹאָה עוֹמֵד, עוֹמֶדֶת קוֹנֶה, קוֹנָה
אוֹכֵל, אוֹכֶלֶת רוֹצֶה, רוֹצָה

LESSON 6

Exercise 29

(a) 4, 9, 11, 15, 19, 23, 36, 42, 57, 60, 74, 80, 91

(b) חֲמִישָׁה, חָמֵשׁ; שְׁמוֹנָה, שְׁמוֹנֶה; אַרְבָּעָה-עָשָׂר, אַרְבַּע-עֶשְׂרֵה; שִׁישָּׁה-עָשָׂר, שֵׁשׁ-עֶשְׂרֵה; עֶשְׂרִים; עֶשְׂרִים וְשִׁישָּׁה, עשרים וְשֵׁשׁ; שְׁלוֹשִׁים וּשְׁנַיִם, שלושים וּשְׁתַּיִם; אַרְבָּעִים וְאַרְבָּעָה, ארבעים וְאַרְבַּע; חֲמִישִּׁים וְאֶחָד, חמישים וְאַחַת; שִׁישִּׁים וְתִשְׁעָה, שִׁישִּׁים וְתֵשַׁע; שִׁבְעִים; שְׁמוֹנִים וַחֲמִישָּׁה, שמונים וְחָמֵשׁ; תִּשְׁעִים וּשְׁלוֹשָׁה, תשעים וְשָׁלוֹשׁ; שְׁלוֹשִׁים וְשִׁבְעָה, שלושים וְשֶׁבַע

Exercise 30 (This answer is mostly unvocalized)

שֶׁבַע, שישים ושלוש, אחת-עשׂרה, שלושים, חמש-עשרה, שבעים ושמונֶה, ארבעים ושמונֶה, מֵאָה, שְׁבַע-עשרה

Exercise 31 (This answer is mostly unvocalized)

שישה-עָשָׂר, ארבּעים ושבעָה, שְׁתֵּי, תשעים ושלושה, אחת-עשרה, חמישים וארבעה, שמונֶה, שתים-עשרה, שלושים, שישים ושלושה, שמונים ושתים, שבעים וששה, ארבעה, עשרים ואחת

Exercise 32

1 יש לַבָּחוּר שְׁנֵי עִיתוֹנִים. 2 יש לַמָּלוֹן שְׁלוֹשִׁים וְאַרְבָּעָה חֲדָרִים. 3 יש לְאִילנה תֵּשַׁע מִזְוָדוֹת. 4 יש לַתַּיָּר שָׁלוֹשׁ מְכוֹנִיּוֹת. 5 יש לַדירה אֶחַד-עָשָׂר אֲרוֹנוֹת. 6 יש לְתַיֶּרֶת מֵאָה וְעֶשְׂרָה דוֹלָרִים. 7 יש לאריק אַרְבָּעִים מַפּוֹת. 8 יש לַבָּחוּרָה עוֹדֶף. 9 יֵשׁ לְחָבֵר נַזֶּלֶת.

Exercise 33 (This answer is mostly unvocalized)

1 לִפְעָמִים יש לָנוּ חדר בירושלים. 2 יש לי ארבעה כרטיסים טובים לקונצֶרט. 3 יש ליוֹסִי עיתון; יש לוֹ גם שְׁנֵי שְׁקָלִים. 4 יש לָךְ דירה גדולה, הלן? 5 יש לָכֶם חדר בַּמלון. זֶה לא רחוק. 6 יש לה תָּמִיד כוס יין. 7 יש לָךְ מכונית יָפָה מאד. 8 יש להם חברים נֶחְמָדִים.

Exercise 34 (This answer is almost entirely unvocalized)

1 יש שבעה ימים בַּשבוע. 2 יש חמישים ושנים שבועות בַּשנה. 3 יש שתים-עשרה (או עשרים וארבע) שעות בַּיום. 4 יש שלושים או שלושים ואחד ימים בַּחודש (לֹא בְּפֶבְּרוּאַר!). 5 יש שנים-עשר חודשים בַּשנה. 6 יש ארבעה שבועות בַּחודש.

Exercise 35

1 שֶׁלָּה 2 שֶׁלּוֹ 3 שֶׁלָּנוּ 4 שֶׁלָּהֶם 5 שֶׁלָּכֶם 6 שֶׁלָּכֶן

Exercise 36 (Almost entirely unvocalized)

1 החדר שלי קר. 2 זה החבר הטוב שלי. 3 זה חבר טוב שלי. 4 המכונית שלו יפה. 5 המכונית היפה שלו כאן. 6 אריק קונה את הכִּסְאוֹת שלה.

Exercise 37

Samuel: We're going to Galilee.
Eric: Very good. How does one travel to Galilee? In a bus?
Samuel: No, in a car.
Eric: Do we have a car?
Samuel: No. We [one] must hire a car from Avis. Ilana, do you have a telephone directory?
Ilana: Yes.
Samuel: Do you have Avis' telephone number?
Ilana: Here it is. 639412. (שֵׁשׁ שָׁלוֹשׁ תֵּשַׁע אַרְבַּע אַחַת שְׁתַּיִם)
Samuel: (dials) 639412. Hallo, Avis?
Voice: No, this isn't Avis. This is the National Health Service.
Samuel: Sorry. I have the wrong number. What number is that?
Voice: 638412. (שֵׁשׁ שָׁלוֹשׁ שְׁמוֹנֶה אַרְבַּע אַחַת שְׁתַּיִם)
Samuel: (dials again) Hallo, Avis? Who's speaking?
Voice: This is Shoshana [Shoshana is speaking].
Samuel: I want to hire a car, please.
Shoshana: OK. Hold on a moment, please. (Samuel holds on) Do you have a driver's licence?
Samuel: Yes.
Shoshana: For how many days do you want the car?
Samuel: For three days. How much does that cost?
Shoshana: That costs 120 (מֵאָה וְעֶשְׂרִים) shekels a day, and another 2 (שְׁנֵי) shekels a kilometre and 30 (שְׁלוֹשִׁים) shekels a day for insurance. You also pay for petrol. Do you have a map?
Samuel: Yes. We have a map. Where are you (m pl)?
Shoshana: We're in Gnessin Street.
Samuel: What number?
Shoshana: Number 55. (חֲמִישִּׁים וְחָמֵשׁ)
Samuel: Thank you very much.
Shoshana: Do you have space for one more in your car?
Samuel: For whom?
Shoshana: For me!

Exercise 38

הלן: אני רוֹצָה לִשְׂכּוֹר דִירָה בְּתֵל-אביב.
סוֹכֵן: כַּמָה חֲדָרִים אַתְּ רוֹצָה בַּדִירָה?
הלן: אני רוֹצָה שְׁלוֹשָׁה חֲדָרִים וּמִטְבָּח וַחֲדַר אַמְבַּטְיָה.
סוכן: יֵשׁ לִי דִירָה יָפָה מְאֹד. יֵשׁ אַרְבָּעָה חֲדָרִים בַּדִירָה הַזֹּאת וַחֲדַר אַמְבַּטְיָה אֶחָד וּמִטְבָּח אֶחָד. יֵשׁ לָהּ [יֵשׁ בָּהּ] שְׁנֵי אֲרוֹנוֹת גְדוֹלִים, שִׁישָּׁה כִּסְאוֹת וְשׁוּלְחָן אֶחָד. הִיא גְדוֹלָה מְאֹד וְחַמָּה.

הלן: וְיָקָרָה מְאֹד.
סוכן: כֵּן. הַדִּירָה הַזֹּאת יְקָרָה. שְׁלוֹשׁ מֵאוֹת (300) שְׁקָלִים לְשָׁבוּעַ. כַּמָּה חֲדָרִים יֵשׁ לָךְ עַכְשָׁו?
הלן: יֵשׁ לִי חֶדֶר אֶחָד. הוּא לֹא יָפֶה. יֵשׁ חֲדַר אַמְבַּטְיָה בַּבִּנְיָן אֲבָל הוּא לֹא שֶׁלָּנוּ. יֵשׁ לָנוּ מִטְבָּח וְאָרוֹן אֶחָד קָטָן. הַחֶדֶר שֶׁלָּנוּ קַר. הוּא קָרוֹב לִשְׂדֵה-הַתְּעוּפָה.
סוכן: לנו?
הלן: הַחֲבֵרָה שֶׁלִּי וַאֲנִי. אֵיפֹה הַדִּירָה שֶׁלָּךְ?
סוכן: בְּרָמַת-אָבִיב. קָרוֹב לָאוּנִיבֶרְסִיטָה. יֵשׁ לָךְ מְכוֹנִית?
הלן: לֹא. רָמַת-אָבִיב רְחוֹקָה. יֵשׁ מְכוֹנִית אֲבָל הִיא לֹא שֶׁלִּי, הִיא שֶׁל הַחֲבֵרָה שֶׁלִּי.
אני לא רוֹצָה אֶת הַדִּירָה שֶׁלָּךְ. תּוֹדָה רַבָּה.

LESSON 7

Exercise 39

השעה אחת-עשׂרה, השעה שבע וחֵצי, השעה רבע לחמש, השעה שלוש ועשר דקות

Exercise 40

שמונה ועשרים; ארבע-עשרה ארבעים ושתים; שלוש וחמישים; שתים-עשרה ושש-עשרה; עשרים ואחת שלושים וארבע; חצות; תשע ארבעים וחמש (or רבע לעשר); ארבע ועשר (or ארבע ועשר דקות)

Exercise 41

Shoshana: Hello, 13378 (אַחַת שָׁלוֹשׁ שָׁלוֹשׁ שֶׁבַע שְׁמוֹנֶה)?
First voice: Yes?
Shoshana: Is it possible to speak to Mr Baron, please?
First voice: I beg your pardon?
Shoshana: I want to speak to Mr Baron, please.
First voice: Hold on a moment, please.
Second voice: Hallo, Baron speaking.
Shoshana: Hello, Mr Baron, I'm looking for a job [work]. I want to work in the Tourist Office.
Baron: What is your name?
Shoshana: My name is Shoshana Harel. There is an advertisement in the newspaper. Is it possible to arrange a meeting [make an appointment]?
Baron: You're looking for work? You're in luck! [You have luck!] We have a place in this office.

Shoshana:	Yes, I'm lucky. Is it possible to make an appointment?
Baron:	Yes, on Wednesday at 10.30 a.m.
Shoshana:	I'm sorry [Excuse me], Mr Baron, I can't make an appointment at 10.30 because I'm working.
Baron:	You have work? Why do you want to work in the Tourist Office?
Shoshana:	Because I don't like my work. The people in the office are not nice.
Baron:	At what time can you arrange a meeting?
Shoshana:	At a quarter to twelve. Is this all right?
Baron:	Fine. On Thursday at a quarter to twelve.
Shoshana:	No, on **Wednesday**. Thank you very much. Goodbye.

Exercise 42

1 מר בר-און יכול לפגוש את התיר ... 2 אריק צריך לָרֶדֶת ...
3 אנחנו רוצים לנסוע ... 4 התיירת לא יכולה לָלֶכֶת ... 5 שושנה
צריכה לדַבֵּר עם ... 6 הם רוצים לשתות ... 7 הלן ואילנה לא יכולות
לראות דירה ... 8 אנחנו צריכים לשכור מכונית ...

Exercise 43

אוֹתָה, אוֹתָם, אוֹתוֹ, אוֹתוֹ, אוֹתָנוּ, אוֹתָה

Exercise 44

1G, 2F, 3B, 4A, 5C, 6E, 7D

Exercise 45

Samuel:	Ilana wants to invite us to eat a meal at a restaurant today.
Helen:	Very good, but restaurants are very expensive.
Shoshana:	Yes. We [One] should [must] buy food and eat at my apartment. I like tourists!
Eric:	Thank you very much, Shoshana. Where does one buy food?
Shoshana:	It's possible to buy it at a supermarket. There is a supermarket close to my apartment. But I like Mrs Michaeli's small shop.
	At the shop:
Shoshana:	Good morning, Mrs Michaeli. We want to buy (some) food. Give me six eggs, please.
Mrs M:	What else?
Shoshana:	A kilo of cheese, please.
Mrs M:	I don't have good cheese today. I have yoghurt. I also have good vegetables.
Shoshana:	That's fine. Give us six tomatoes, one cucumber, bread and half a kilo of olives, please.

Mrs M: Is this enough?
Shoshana: Yes, thank you.
Mrs M: Good. And what else?
Shoshana: Do you have good fruit today? I want to make a fruit salad.
Mrs M: Yes. I have apples, oranges and bananas.
Shoshana: OK . . . Four apples and (some) wine. How much is that? [How much to pay you?]
Mrs M: 35 shekels, please. No. That's too much. I'm sorry, I made a mistake. 30 shekels, please.
Eric: I also want a cucumber.
Shoshana: You? Why do you want a cucumber? We have a cucumber.
Eric: Because I want to call (to) Ilana and I don't have a cucumber for the telephone.
Mrs M: I don't understand him. What does he want?
Shoshana: He wants a **telephone token** for the telephone. Please give him a telephone token.

Exercise 46

מר בר-און מטלפן לשושנה.
מר בר-און: הלו, שושנה, מדֵבר בר-און. מה שלומֵךְ?
שושנה: טוב מאד, תודה. ומה שלומךָ?
מר בר-און: טוב, תודה. אפשר לקבוע פגישה?
שושנה: פגישה? אתה רוצה לפגוש אותי?
מר נר-און: כן, אני רוצה להזמין אותך לְמסעדה.
שושנה: תודה. מָתַי? באיזה יום?
מר בר-און: בְּשבּת בתשע ורבע. את אוהבת אוכל איטלקי?
שושנה: כן, אני אוהבת אותו אבל אני לא יכולה לאכוֹל אותו. אני בדיאטה. אני צריכה לאכול רק פרות וירקות.
מר בר-און: אין למסעדה פרות וירקות. אבל לי יש.* את יכולה לאכול אותם בַדירה שלי. יש לי גם לחם וגבינה, דבש וזיתים עִם יין . . .
שושנה: לא, תודה. אני לא רוצה לאכול בדירה שלךָ.
מר בר-און: (sadly) בסדר. אנחנו אוכלים במלון הִילְטוֹן.
שושנה: לא תודה. לא בְמלון, לא בַדירה שלך. רק בְמסעדה.

NOTE: *The inversion of the word order is for emphasis.

LESSON 8

Exercise 47

1 מָאתַיִם שְׁלוֹשִׁים וְשֶׁבַע (237)   2 שִׁישִּׁים וּשְׁמוֹנֶה (68)   3 אֶלֶף מֵאָה תִּשְׁעִים וְאַרְבַּע (1194)   4 אַלְפַּיִם מֵאָה חֲמִישִּׁים וְשֵׁשׁ (2156)   5 אֶפֶס (0)

Exercise 48

אריק רוצה לִפְגוֹשׁ את אילנה אבל הוא צריך קודם לטַלְפֵן לה. הוא בתל-אביב והיא גָרָה בירושלים. הוא קונה אסימון ושָׂם אותו בטלפון.

אילנה: אני בָּאָה לתל-אביב באוטובוס היום בשלוש והֵצי. אתה יכול לפגוש אותי?

אריק: החברים שלי ואני בָּאִים במכונית לירושלים היום בשלוש ארבעים וחמש [רֶבַע לארבע]! אני לא יכול לפגוש אותךְ.

אילנה: חֲבָל. אתה צריך לָבוֹא לָגוּר בירושלים.

Exercise 49 (Verbs in past tense only given)

1 אָכְלוּ   2 עָבְדָה   3 נָסַעְנוּ, יָרַדְנוּ   4 רָצָה   5 רְאִיתֶם [רָאִיתֶם]   6 שָׁכְרוּ, רָצוּ   7 הֲלַכְתֶּם   8 קָבַעְתָּ

Exercise 50

1 אתמול אנחנו קָנִינוּ ירקות
אתמול הם קָנוּ ירקות
עכשו הם קוֹנִים ירקות
עכשו אתה קוֹנֶה ירקות
בשבוע שעבר אתה קָנִיתָ ירקות
בשבוע שעבר היא קָנְתָה ירקות

2 אתמול בערב אתם נְסַעְתֶּם [נָסַעְתֶּם] לַנֶּגֶב
אתמול בערב אני נָסַעְתִּי לַנֶּגֶב
לפעמים אני נוֹסֵעַ/נוֹסַעַת לַנֶּגֶב
לפעמים הם נוֹסְעִים לַנֶּגֶב
בשנה שעברה הם נָסְעוּ לַנֶּגֶב
בשנה שעברה הוא נָסַע לַנֶּגֶב

Exercise 51

יָרַדְנוּ, לְהַחְלִיף, עָמַדְנוּ, שָׁאַל, עָנִיתִי, רָשַׁם, הָלַכְנוּ, לִקְנוֹת, מָדְדָה, מָצְאָה, אָמְרָה, מָדַדְתְּ, מָצָאתִי

Translation:

Yesterday afternoon Ilana and I went down to the city in order to do (some) shopping. First of all I wanted to change (some) money at [in] the bank. We stood in the queue for a long time. Finally the clerk asked me: 'How much do you want to change?' I answered him that I have 90 dollars in travellers' cheques and that I need 450 shekels. 'Do you have a passport?'

the clerk asked. He wrote down the number of my passport. Afterwards we went to the shop [in order] to buy shoes. Ilana tried on [measured] many shoes but she didn't find her size. The salesperson said that she had [has] no more shoes. 'You've already tried them all on [measured them all].' I also tried on [measured] a lot but I didn't find (any) shoes.

Exercise 52

Mr Baron wanted to go [travel] to visit his mother. She lives in a nice house in Petach Tikva. At the central station Mr Baron stood in a queue in order to buy the ticket. Afterwards he asked the clerk: 'At what time does the bus reach Petach Tikva?' The clerk answered that the buses had already gone [travelled] and that there wasn't [isn't] another one until 3.30 in the afternoon. What should he do? [What to do?] 'Why didn't you rent a car?' the clerk asked. 'Because renting [to rent] a car costs too much,' answered Mr Baron. 'And a train?' 'There is no train now from Tel Aviv to Petach Tikvah,' said the clerk. Mr Baron went to telephone his mother and told her [said to her] that he can't reach [her] today. 'OK,' she said, 'Because I'm about to come to Tel Aviv today!' They arranged to meet [arranged a meeting] at the Elite Café at 5.30.

Exercise 53

1 מר בר-און עָנָה שֶׁלִשְׂכּוֹר מכונית עוֹלֶה לו יותר מדי. 2 הפקיד אָמַר שאין רכבת מתל-אביב לפתח-תקוה. 3 אמו אָמְרָה שהיא עוֹמֶדֶת לָבוֹא לתל-אביב היום. 4 שושנה אָמְרָה שהיא רָצְתָה לְבַקֵּר את אמו.

Exercise 54

(Note that you may, if you wish, add the pronouns to the verbs in the past tense. For example, the second half of the first sentence could read:
. . . ואחרי-כן אנחנו הָלַכְנוּ לבית-קפה . . .)

אתמול אילנה סוף-סוף קָנְתָה את הנעלים שלה ואחרי-כן הָלַכְנוּ לבית-קפה "עלית" לִפְגוֹשׁ את מר בר-און, אמו ושושנה. קודם כל הָלַכְנוּ לְהַחְלִיף כסף בבנק. החברים שלנו כבר הָיוּ בבית-הקפה והם שָׁתוּ קפה ותה חם. "אנחנו עוֹמְדִים לָלֶכֶת לתאטרון," אָמַר מר בר-און. הם הָלְכוּ, אבל אמו עוד רָצְתָה לַעֲשׂוֹת קניות. אילנה, אריק ואני הָלַכְנוּ לקולנוע לִרְאוֹת "אלפַּיִם ואחת". אילנה אָהֲבָה* את הסרט מאד ואריק רָצָה לִרְאוֹת אותו עוד פעם. הוא כבר רָאָה אותו פעמַיִם! הוא רָשַׁם את מספר הטלפון של אילנה. אני מָצָאתִי חברים טובים - ואילנה מָצְאָה נעלים טובות!

*Note the vowel ֲ under the middle root-letter. This is because this letter is a guttural. You will rarely see the vowel ְ under a guttural letter.

Exercise 55

1 קָנִיתָ בְּחנות 2 אָכַל בַּמסעדה 3 עָמְדוּ בַּתור 4 שָׁתִינוּ בְּבית-קפה
5 פָּנְתָה שמאלה 6 הָלַכְתְּ לַבַּנק 7 נְסַעְתֶּם [נְסַעְתֶּם] לְפתח-תקוה
8 קָבַעְתָּ פגישה 9 בָּנוּ את הבנינים 10 מָדַדְנוּ נעלים

Exercise 56

I want to run and I think I should run because I like being outside. But in spite of this perhaps not, because I had a cold on Saturday. I'm generally OK, but Tel Aviv is far from Jerusalem, and apart from that it's a little cold outside. No, I'm not running, that is to say not **today**. It seems to me there's another marathon in a month's time.

LESSON 9

Exercise 57

1 היו לאילנה נעלים. 2 היו לו עשרים שקלים. 3 היתה לשמואל נזלת.
4 היתה לנו ארוחה טובה. 5 היה לכם, שמואל ואריק, עיתון. 6 היתה
לָךְ, אריק, דירה יפה. 7 היו לאריק כרטיסים לתאטרון. 8 היה להם
בקבוק יין. 9 היו לי שלושה חברים (שלוש חברות). 10 היתה לה מפה.

Exercise 58

Each of the sentences in Exercise 57 is preceded by **לא**

Exercise 59

1 היו 2 היה 3 היתה 4 היה 5 היה 6 היו 7 היו 8 היה 9 היה
10 היו

Exercise 60

1 השולחן שֶׁבַּחדר יפה. 2 זה התיק שֶׁמצאתי*. 3 ראיתי את
חדר-ההמתנה שהאנשים ישבו בו. 4 הנה החברה שישבתי אִתה.
5 זאת מכונית ששכרתי אתמול*. 6 זה הכסא שאריק רוצה לקנות*.
7 אתה יכול לראות את הרופא שמדבר אנגלית? 8 הנה העגבניות
ומלפפונים שעשיתי אִתם סלט. 9 אילנה נתנה לי את העודף שהיה
בחדר.

*NOTE: You can use the object pronoun in these sentences. They would then read as follows:

2 זה התיק שאותו מצאתי. 5 זאת המכונית שאותה שכרתי אתמול.
6 זה הכסא שאותו אריק רוצה לקנות.

Exercise 61

Yesterday Eric went to the clinic because he had a headache and a stomach-ache. Samuel went with him. Samuel asked him. 'What's the matter with you?' but Eric didn't reply [to him]. They sat for a long time on chairs in a large waiting room in which there were many people, and finally the doctor came and asked Eric what the matter was [what did he have] and examined him. Eric answered that he was cold and hot and that he had pain. They did not have to admit Eric because the doctor said [that] he had flu. He also said that Eric had eaten too much falafel and that he mustn't eat [it is forbidden for him to eat] any more. Afterwards Samuel had to work and Ilana and Helen sat with Eric at the clinic. He returned with them to the hotel where [in which] he lived and after they had gone he ordered tea and orange juice. In the evening he didn't have any more pain [already he didn't have more pains]. 'I feel well,' he said to Ilana on the telephone. 'It's good you were with me,' he said. 'You're not coming with us to eat falafel!' she said.

Exercise 62

1 אנחנו ראינו אותם בקולנוע. 2 שמואל הלך אִתָּם לקופת חולים. 3 אני
שַׂמתִּי אותו בבקבוקים. 4 מר בראון בונה אותו בתל-אביב. 5 הוא הולך
אִתָּה לקנות פנקס. 6 אני אוהב אותם ועובד אִתָּם בַּמשׂרד. 7 הרופא
בדק אותָנו. 8 אחרי העבודה הוא בא אִתָּנו לשתות כוס תה.

Exercise 63

Doctor: What is your name?
Eric: Eric.
D: Where do you live?
E: At the Dan Hotel, Tel Aviv.
D: Are you a tourist?
E: Yes. From New York.
D: Do you have insurance?
E: Yes.
D: How old are you?
E: I'm 26. How old are you?
D: You're not allowed to ask. Now. What's wrong with you? [What have you got?]
E: I have a headache. I have a stomach-ache. I'm hot and cold.
D: Have you taken [measured] your temperature?
E: Yes. It is [I have] 38. I'm not feeling well.
D: Poor thing. That's not good. You must drink lots of juice and tea.
E: Would you like to drink a cup of tea with me?
D: Not today. You have flu. You're ill.
E: Tomorrow?
D: Goodbye, Eric.

Exercise 64

1C, 2F, 3A, 4B, 5D, 6E

Exercise 65

התיירים רצו לראות את הכֹּתֶל המערָבי בַּערב שבת. זה המקום שֶׁבּוֹ* הרבה אנשים באים להתפלל. התיירים עמדו אִתָּם על-יד הכתל. היה קר לבחורות והן רצו לחזור לַמלון. המלון רחוק מֵהַכתל והיה לאַחַת הבחורות כאב ראש. לא היו אוטובוסים, לא היו מוניות, לא כלום, והיא הלכה לבית קפה שבו* היו הרבה כסאות אבל הוא היה סָגור ולא היה בו אף אחד. אחר כך כל התיירים שתו תה והיה להם יותר מדי חם!

NOTE: * These phrases have been translated as שֶׁבּוֹ which is correct. However, many Israelis speak a more colloquial Hebrew and you would be likely to hear this said in the following manner:

זֶה הַמָּקוֹם אֵיפֹה שֶׁהרבה אנשים ... and בית קפה אֵיפֹה שֶׁהיו כסאות

While -אֵיפֹה שֶׁ is neither correct nor elegant Hebrew, it is quite commonly used.

LESSON 10

Exercise 66

1 אתמול אני קיבלתי מכתב
אתמול הוא קיבל מכתב.
אתמול הם קיבלו מכתב.
אתמול אתה קיבלתָ מכתב.
עכשו אתה מְקַבֵּל מכתב

2 היום אנחנו מבשלים ארוחת-ערב.
בחודש שעבר אנחנו בישלנו ארוחת-ערב.
בחודש שעבר היא בישלה ארוחת-ערב.
בחודש שעבר אתם בישלתם ארוחת ערב.

3 אתמול אנחנו נָתַנוּ הרבה.
אתמול את נתַת הרבה.
היום את נותנת הרבה.
היום הם נותנים הרבה.
בשנה שעברה הם נתנו הרבה
בשנה שעברה הוא נתן הרבה.

Exercise 67

1 אנחנו טִיַּלְנוּ בעיר הזאת הרבה זמן. 2 הוא בָּא לגור אִתּי. 3 אמו של מר בר-און שָׂרָה כי רָצְתָה לָשִׁיר. 4 אריק קיבל מאה שקלים שהיו בתיק של שושנה. 5 הבחורים שיחקו כדורגל על יד הים. [קרוב לים) 6 שמעתי שיצחק פרלמן ניגן מוסיקה של בֶּטְהוֹבֶן בקונצרט. 7 שושנה נתנה לאריק

פנקס והוא היה שמח מאד. 8 אילנה לימדה אותנו עברית. 9 הוא נתן
לנו פלפל כי היינו רעבים. 10 הם סיפרו לנו על ירושלים.

Exercise 68

אריק בא לישראל ביום חמישי בשעה שמונה בבקר. הוא היה מאד שמח.
הוא מיד הלך למלון "דן" וביקש חדר עם אמבטיה כי הוא היה עיף.
אחר-כך הוא והחברה שלו טיילו ברחוב. בשעה עשר החברה ישבה
בבית-קפה ושתתה תה כי היתה צמאה. היא נתנה לאריק כוס מיץ. היא
שילמה כי לא היה לאריק כסף! לא היה לו כלום בתיק שלו. החברים לא
דיברו אנגלית.

Translation:

Eric came to Israel on Thursday at eight o'clock in the morning. He was
very happy. He immediately went to the Dan Hotel and asked for a room
with a bath because he was tired. Afterwards he and his friend strolled
in the street. At ten o'clock the friend sat in a café and drank tea because
she was thirsty. She gave Eric a glass of juice. She paid because Eric had
no money! He had nothing in his bag. The friends didn't speak English.

10.3

Answer to question: How do you translate היא מדברת עברית טובה?
She speaks good Hebrew *OR* She speaks a good Hebrew.

Exercise 69

Newspaper vendor:	Good morning. What can I give you? [What to give to you?]
Eric:	Good morning. Do you have a newspaper in English, please?
NV:	Yes, but why haven't you learned to read Hebrew?
Eric:	Because I've only been in Israel for two weeks. I haven't learned anything yet.
NV:	Very well. Now I'll tell you [I am telling to you] about my life. I came to Israel from the Soviet Union. No – that's already incorrect. From Russia. I was very happy to come here. They didn't teach Hebrew at the University of Moscow and I didn't have any Hebrew books, so [and] I studied at home [in the house] with a friend. We worked very hard and we were tired, but in the end we knew Hebrew well and we spoke correctly. There were others who wanted to speak Hebrew, so they came to our house and we taught them quickly. They were hungry and

thirsty, it was cold, they had no food, but they had books. Yes, they had books! In the end they all spoke Hebrew beautifully and we all came to Israel together. Now we can read newspapers in Hebrew.

Eric: That's very nice. But why do you sell newspapers? Why don't you teach?

NV: Because there's no work. Many people have come from the Soviet Union to Israel.

Eric: There's no work and there's already no Soviet Union.

NV: Now you must go and learn a little Hebrew. You can't live in Israel without Hebrew. Many people speak English, but not in the theatre, not on the TV and not on the radio. It's not enough to speak in the street!

Eric: You're right. Give me a newspaper in Hebrew, please.

NV: I have a newspaper in easy Hebrew. Good luck! Goodbye.

Exercise 70

הלן: שלום, אני מבקשת בולים.
פקיד: לאן?
הלן: לברית המועצות, בבקשה.
פקיד: אין עוד ברית המועצות.
הלן: כן. אתה צודק. אין ברית המועצות. לרוסיה בבקשה.
פקיד: כמה מכּתבים לרוסיה?
הלן: רק מכתב אחד. אבל אני צריכה גם עוד בולים.
פקיד: עוד בולים? כמה בולים?
הלן: בולים לשני מכתבים.
פקיד: שני מכתבים. לאן?
הלן: לניו יורק. אני רוצה גם . . . אתה מדבר אנגלית?
פקיד: לא.
הלן: חבל. אני מחפשת דבר שכותבים בו מכתב.
פקיד: גלויה?
הלן: לא, לא גלויה. כותבים <u>בו</u> את המכתב . . .
פקיד: אגרת אויר?
הלן: כן, כן, אגרת אוויר. שש בבקשה.
פקיד: הנה שש. מאיפה את?
הלן: אני מלונדון.
פקיד: לונדון. אני רוצה ללַמֵד אותך עברית.
הלן: אתה רוצה ללמד אותי עברית! למה? אני לא מדברת יפה?
פקיד את מדברת יפֶה מאד. אני רוצה ללמוד אנגלית.

הלן: אני מבינה. כי אתה רוצה ללמוד אנגלית! בסדר. אני לומדת
עברית ואתה לומד אנגלית.

פקיד: מתי יש לך זמן?

הלן: יש לי זמן ביום רביעי בבוקר.

פקיד: בסדר. ביום רביעי בבוקר. אני רוצה לבוא עם האשה שלי.

הלן: אתה רוצה לבוא עם האשה שלך. זה בסדר. עכשו, כמה אני
צריכה לשלם לך?

פקיד: לשלם? כן. עשרה שקלים, בבקשה.

הלן: טוב, הנה עשרה שקלים. תודה רבה. להתראות ביום רביעי.

Translation:

Helen: Hello, I would like [I ask for] (some) stamps.
Clerk: Where to?
Helen: The Soviet Union, please.
Clerk: There isn't a Soviet Union.
Helen: Yes, you're right. There isn't a Soviet Union. To Russia, please.
Clerk: How many letters to Russia?
Helen: Only one letter. But I also need more stamps.
Clerk: More stamps? How many stamps?
Helen: Stamps for two letters.
Clerk: Two letters. Where to?
Helen: To New York. I also want ... do you speak English?
Clerk: No.
Helen: A pity. I'm looking for a thing in which you write a letter.
Clerk: A postcard?
Helen: No, not a postcard. You write the letter **in** it ...
Clerk: An aerogramme?
Helen: Yes, yes, an aerogramme. Six please.
Clerk: Here are six. Where are you from?
Helen: I'm from London.
Clerk: London. I want to teach you Hebrew.
Helen: You want to teach me Hebrew! Why? Don't I talk nicely?
Clerk: You speak very nicely. I want to learn English.
Helen: I understand. Because you want to learn English! OK. I learn
Hebrew and you learn English.
Clerk: When do you have time?
Helen: I have time on Wednesday morning.
Clerk: I would like to come with my wife.

Helen: You want to come with your wife. That's fine. Now, how much must I pay you?

Clerk: To pay? Yes. Ten shekels, please.

Helen: Good. Ten shekels. Thank you very much. Until Wednesday.

Exercise 71

אני צריכה לספר לך על המסעדה החדשה בתל-אביב. הלכתי לאכול שם אתמול. אמרתי למלצר: "תן לי את התפריט בבקשה". הוא בא ונתן לי את החשבון! הייתי מאד רעבה והזמנתי מנה של מרק, שאכלתי [ואכלתי אותן]. אחר-כך הלכתי לחפש את השרותים וכאשר חזרתי מצאתי שתי מנות של דג על השולחן שלי. מה לעשות? אכלתי אותם. כן, זה מה שאמרתי. החבר שלי, מִכָאֵל, שבא בשמונה וחצי עם האשה שלו, ראה אותי. המסעדה היתה מלאה והם ישבו אתי. הוא הזמין בשר וירקות והיא הזמינה עוף. לא יפה לאכול לבד ואמרתי למלצר שגם אני רוצה קצת. את לא מבינה אותי [אתה לא מבין אותין]? בשר! כאשר בקשתי את החשבון המלצר נתן לי את התפריט. מה לעשות? הזמנתי מנה של סלט פרות. היינו צמאים ושתינו קפה. אנחנו אכלנו טוב מאד; אבל סוף-סוף כאשר ראיתי את החשבון אמרתי לאשה של מכאל: "מגיע הזמן לדִיאֶטָה!"

Exercise 72

סליחה, מלצר, תן לי בבקשה את התפריט. אני רעב והחברים שלי צמאים. סליחה . . . מלצרית, תני לי בבקשה את התפריט. תודה. אנחנו רוצים להזמין שתי מנות [פעמַיִם] חומוס, פעמַיִם מרק ירקות* פעמים עוף ומנה אחת של דגים. לא, הזמנתי <u>שתי</u> מנות מרק. בתאבון, חברים! האוכל טוב מאד ואנחנו אכלנו טוב. תני לי את החשבון, בבקשה. אנחנו צריכים לשלם 101 שקלים. לא, גברת, את לא צודקת. כבר שלמתי.

Exercise 73

1A, I 2J 3F 4C, M 5B 6J 7L 8K 9G 10C 11E 12D 13B, H 14A, I 15A

REVISION LESSON

Exercise 74

(א) אני שמח/שמחה כי אני לא צריך/צריכה לעבוד.
אני הייתי שמח/שמחה כי לא הייתי צריך/צריכה לעבוד.

(ב) The young man who didn't have to work was happy.
הבחור שלא היה צריך לעבוד היה שמח.

(ג) אריק עבד טוב. העבודה שלו היתה טובה מאד.
אילנה עבדה טוב. העבודה שלה היתה טובה מאד.

(ד) טוב שגרתָ בירושלים הרבה זמן, שמואל.
לא טוב שגרת בירושלים הרבה זמן, שמואל.
טוב שלא גרת בירושלים הרבה זמן, שמואל.
טוב שגרת בירושלים לא להרבה זמן, שמואל.
(ה) אני לעולם לא עובד כי אני לא עושה כלום.
אנחנו לעולם לא עבדנו כי לא עשינו כלום.

Exercise 75

Translation:

אילנה קיבלה מכתב:
אני צריך לפגוש אותך היום, יום חמישי בשעה שתים וחצי. את צריכה לבוא לבד. את לא צריכה לספר לאף אחד. יש מסעדה ובמסעדה יש שני כסאות קטנים. אני יושב על כסא אחד ואת יושבת על הכסא השני. אחר-כך את יושבת אתי ואנחנו שותים קפה ומדברים. את נותנת לי את התיק שלך. בתיק שלך יש כרטיס שקיבלת בדואר. אני רוצה לראות את הכרטיס הזה [ההוא]. את נותנת אותו לי. יש הרבה אנשים במסעדה.
זה מה שאילנה סיפרה לי. היא הלכה למסעדה ופגשה בחור שם. כאשר היא נתנה לו את התיק שלה הוא ראה את הכרטיס ונתן לה פרס גדול!

Note in the past tense:

אני פגשתי אותך היום, יום חמישי בשעה שתים וחצי. את באת לבד. את לא סיפרתְ לאף אחד. היתה מסעדה ובמסעדה היו שני כסאות קטנים. אני ישבתי על כסא אחד ואת ישבתְ על הכסא השני. אחר-כך את ישבת אִתי ואנחנו שתינו קפה ודיברנו. את נתת לי את התיק שלך. בתיק שלך היה כרטיס שקיבלת בדואר. אני רציתי לראות את הכרטיס הזה [ההוא]. את נתת לי אותו. היו הרבה אנשים במסעדה.

Exercise 76

1 במטוס או or בשדה-התעופה. 2 במסעדה או במטבח. 3 בדואר.
4 לבית-חולים או לקופת חולים. 5 עם רופא/רופאה או אח/אחות. 6 יום שני. 7 שנים-עשר. 8 שבועיים. 9 תֵה או קפה או בירה או מיץ או יין.
10 במטוס או במכונית או באוטובוס או במונית או בשרות.

Exercise 77

Order of words to be filled in:

כדורגל; ללמֵד; לומדים; רוצים; מדברת; כולם; טוב; טובה.

Translation:

On Sunday at five o'clock the tourists come to play football. They play in Tel Aviv. They don't know what to do and Samuel has to teach them. The tourists learn very quickly because Samuel is a good teacher. They run a lot and afterwards they're hot and thirsty and they want to drink. Ilana comes to see them. She talks to [with] them and afterwards they all sing. They receive a very good prize because they play well. Afterwards they eat a good meal.

Passage in the past tense:

ביום ראשון בשעה 5 התירים באו לשחק כדורגל. הם שיחקו בתל-אביב. הם לא ידעו מה לעשות ושמואל היה צריך ללמֵד אותם. התירים למדו מהר מאד כי שמואל היה מורה טוב. הם רצו הרבה ואחר כך היה חם להם [היה להם חם] והם היו צמאים ורצו לשתות. אילנה באה לראות אותם. היא דיברה אתם ואחר-כך הם כולם שרו. הם קיבלו פרס טוב מאד כי הם שיחקו טוב. אחר-כך הם אכלו ארוחה טובה.

Exercise 78

A כּוֹאֵב לִי הָרֹאשׁ. B כּוֹאֵב לִי הַגָּרוֹן. C כּוֹאֲבוֹת לִי הָרַגְלַיִם. D כּוֹאֵב לִי הַמַּרְפֵּק. E כּוֹאֶבֶת לִי הָאֹזֶן. F כּוֹאֵב לִי הָאַף. G כּוֹאֵב לִי הַפֶּה. H כּוֹאֶבֶת לִי הַיָּד. I כּוֹאֶבֶת לִי הַכָּתֵף. J כּוֹאֶבֶת לִי הַזְּרוֹעַ. K כּוֹאֶבֶת לִי הַבֶּטֶן. L כּוֹאֶבֶת לִי הָעַיִן. M כּוֹאֲבוֹת לִי הַפָּנִים.

LESSON 11

Exercise 79

1 בבקשה לשלֵם למלצר, אריק. 2 חברים, בבקשה לשֶבֶת על הכסאות האלה. 3 כדאי לקנות מדחום? 4 בבקשה לקרוא מהר את העיתון, אילנה.* 5 לא היה כדאי ללכת לתחנה המרכזית. 6 בבקשה לא לאכול את כל האוכל! 7 כדאי לטַיֵל בנגב? 8 בבקשה לא לדבר אנגלית.

*NOTE: Word order is not as strict in Hebrew as in English. This sentence could also be rendered:
בבקשה לקרוא את העיתון מהר, אילנה.

Exercise 80

1 בבקשה לְדַבֵּר עברית. 2 בבקשה לָלֶכֶת לקופת חולים. 3 כדאי לִנְסוֹעַ לקיבוץ. 4 בבקשה לא לָשֶׁבֶת על השולחן. 5 בבקשה לַחֲזוֹר מאמריקה. 6 כדאי לָגוּר בירושלים. 7 כדאי לִלְמוֹד בבית ספר. 8 בבקשה לָרֶדֶת לַיָּם. 9 בבקשה לא לַעֲמוֹד על הכסאות. 10 לא כדאי לְשַׁלֵּם הרבה.

Exercise 81

1 מה עוד? 2 מי עוד? 3 עוד 4 עוד פעם 5 עוד לא or עוד מעט.
6 עוד לא 7 עוד

Exercise 82

שמואל: שקט בבקשה. אריק עוד מעט בא.
שושנה: מה נתתָ לו בְּמתנה*?
שמואל: נתתי לו בקבוק יין כַּרְמֶל. ואתם?
שושמה: נתָנו לו ספר על מְדִינַת ישראל.
שמואל: בבקשה לא לדבר! אריק עוד מעט בא.
מר בראון: הוא עוד לא הגיע. אני נתתי לו מתנה יפה מאד. כרטים נסיעה באוטובוס לסְדוֹם, למדבָּר.
שושנה: אבל עוד חם מאד בסדום, בדרום.
מר בראון: אריק כבר היה בצפון, בגליל. הוא עוד לא היה במדבר. כדאי לראות גם את הדרום ולא עוד פעם את הצפון.
שמואל: בבקשה לשיר! אריק בא.
הם שרים: "היום יום הולדת . . ."
אריק: בבקשה לא לשיר! היום עוד לא יום הולדת שלי. אבל תודה רבה על כל המתנות היפות שנתתם לי!

NOTE: *'**as** a present'

Exercise 83

1 'Give me liberty or give me death.' Patrick Henry 2 'To be or not to be – that is the question.' Shakespeare 3 'We will never surrender!' Winston Churchill 4 'What will be will be.' [Che sera sera.] Italian saying 5 'I came, I saw, I conquered.' Julius Caesar 6 'Let it be.' Beatles 7 'If I am not for myself, who is for me?' Rabbi Hillel 8 'I want to be alone.' Greta Garbo 9 'Play it again, Sam.' Purported to be from the film 'Casablanca'

Exercise 84

1 יהיו לו מפות 2 יהיֶה לו עודף 3 תהיה לו מטפחת 4 יהיה לו תפוח
5 יהיה לו דרכון 6 יהיו לו 100 שקלים 7 יהיו לו המחאות נוסעים
8 יהיה לו בול 9 יהיה לו עט 10 יהיו לו מפתחות

Exercise 85

1 אתמול אילנה סָגְרָה את הדירה
אתמול אנחנו סָגַרְנוּ את הדירה
מחר אנחנו נִסְגוֹר את הדירה
מחר שמואל יִסְגוֹר את הדירה
מחר הם יִסְגְרוּ את הדירה
לפני שבוע הם סָגְרוּ את הדירה
לפני שבוע את סָגַרְתְ את הדירה
ביום שישי את תִסְגְרִי את הדירה

2 עכשו הם קוֹנִים דברים יפים בחנות
מחר הם יִקְנוּ דברים יפים בחנות
מחר אילנה תִקְנֶה דברים יפים בחנות
מחר הן יִקְנוּ דברים יפים בחנות
מחר הוא יִקְנֶה דברים יפים בחנות
אתמול הוא קָנָה דברים יפים בחנות
אתמול אנחנו קָנִינוּ דברים יפים בחנות

Exercise 86

Helen: Is it worthwhile travelling to Eilat in the month of August?
Samuel: No, it's very hot in Eilat.
Helen: Does it rain in summer?
Samuel: No, there's no rain in summer. It rains in the north in winter. It's worth visiting the north before winter.
Helen: And snow?
Samuel: Yes, it snows in the north and also in Jerusalem, because Jerusalem is 730 metres high. It's very cold in Jerusalem in winter, but in summer it's cool only in the morning and in the evening. In 1992 there was a very hard winter in Jerusalem. In Haifa it rains in the winter.
Helen: Spring is beautiful in Haifa, isn't it?
Samuel: Yes, that's right, you're right. Haifa is a very beautiful city, a city on the mountain, and spring there is very beautiful.
Helen: Which mountain?
Samuel: Mount Carmel.
Helen: How does one go down the mountain to the city?
Samuel: There's a train in Haifa called (the) Carmelit. You buy tokens and go down and go up in the Carmelit.
Helen: Spring is beautiful everywhere. It isn't hot, it isn't cold, it isn't windy [there's no wind]. I don't like wind.
Samuel: In Israel's small area we can find many types [forms] of climate: for example, snow on Mount Hermon and rain in Galilee; a dry, hot desert in the south; valleys rich in water; rivers and a sea. Have you the newspaper that Eric gave you?
Helen: Yes, here's the newspaper he gave me.
Samuel: Let's see what sort of weather we have tomorrow [there will be here tomorrow] . . . 'In Tel Aviv it will be hot with a light wind from the sea; in Jerusalem it will be hot; in Haifa it will be cool with a little rain and in Galilee it will be fair [pleasant].' You know, Helen, it's worthwhile returning to Israel in winter to ski.

Helen: You [They] ski in Israel?
Samuel: Yes, in the north where it snows. But now, in the spring sun, I want to ski on the water! In summer I like running [to run].
Helen: Where to?
Samuel: Just so. To jog. One sees the country and meets people. It's worthwhile your running too.

Exercise 87

NO RAIN WILL FALL IN THE NEAR FUTURE

According to the forecast of the meterological service, no rain will fall until the end of the week. There will be a rise in the temperature during the day [in the hours of the day], but at night it will be very cold.

Exercise 88

Mr Baron's mother remembers: 'When I was a young girl there was a lovely song called "I'll see you again". I heard it in America before we came to Israel. In Israel we sang a song "We'll build a beautiful city on Mount Carmel". Now we sing a song called "Next year", which tells about the things that are going to happen.' She sings ' "You'll still see, you'll still see, how good it will be, next year, next year". I'm not a young girl any more [Now I'm already not a young girl]. Next week's my birthday [I'll have a birthday]. But first I'm going to Tiberias in Galilee to see the beautiful mountain landscape and the Sea of Galiee (Kinneret). I know we'll have fine weather in that area. When we return there will be a party at my place and I invite you. We'll drink a little wine and there will be good music. There will be enough food for all the hungry people! I'll be very happy. Please come! It will be worthwhile!'

1	'I'll see you again'	שוב אראה אותך.
2	In America.	היא שמעה אותו בּאָמֶרִיקָה.
3	Haifa.	חֵיפָה.
4	It will be very good.	יהיה טוב
5	Because it is her birthday.	כי זה יהיה יום ההולדת שלה.
6	It will be at her house.	המסיבה תהיה אצלָה.
7	To Tiberius in Galilee.	לטבריה שבגליל.
8	To see the beautiful mountain landscape.	לראות את הנוף היפה של ההרים.
9	They'll drink some wine.	הם ישתו קצת יין.

Exercise 89

1 דודה 2 גִיסָה 3 חָם 4 נֶכֶד 5 גִים 6 אַחְיָן 7 גִיסות 8 בֶּן-דוֹד
9 אַחְיָנִיוֹת 10 דוֹדִים

LESSON 12

Exercise 90

1 לא, אֶפְתַּח אותה ביום שישי. 2 לא, נִשְׁמַע אותה בשבוע הבא.
3 לא, היא תִמְצָא אותו מחר. 4 לא, היא תִקְנֶה אותן אחרי הצהרים.
5 לא, יִרְשְׁמוּ אותן עוד מעט. 6 לא, יִבְדוֹק אותו הערב. 7 לא, עוד
יִרְאֶה אותה. 8 לא, נִקְבַּע אותה מחר. 9 לא, יִשְׁאֲלוּ אותו בשבוע הבא.
10 לא, אֶלְמַד עברית בשנה הבאה.

Exercise 91

1 מחר, כאשר תגמור את העבודה שלך תבקר את האח שלך. 2 כאשר
טיילתי בצפון פגשתי את אריק. 3 כאשר שושנה ראתה אותנו היא
אמרה: "מתי אתם הולכים לשחק כדורגל?" 4 כדאי לראות את הנגב
כאשר יש מזג אויר טוב. 5 מתי תבדוק אותנו הרופאה?* 6 אני רוצה
לדעת מתי הם ימכרו את הדירה. 7 בבקשה לסגור את הדלת כאשר
יורד גשם. 8 באביב, כאשר חם, בחור חושב על אהבה.

NOTE: *This sentence would be equally correct with a different word order:

מתי הרופאה תבדוק אותנו?

Exercise 92

1 אֵלָיו 2 לפניהם 3 עָלָיו 4 אליהם 5 בו 6 אחריהָ 7 אחרָיו
8 אֵלֵינו 9 עָלֶיהָ 10 לו

Exercise 93

1C 2E 3G 4F 5H 6B 7A 8D

Exercise 94

1 מלצר, אני רוצה שתמצא לי תפריט בבקשה. 2 תפתח/תפתחי את
הפֶּה. 3 בבקשה לפתוחַ את הפה. 4 אַל תִקני יותר מדי בולים.
5 אחים, אני רוצה שתשמעו מוסיקה. 6 בבקשה לדבר אתי עברית,
תיירים. 7 בבקשה לנסוע בכרמלית. 8 אל תשלחי את המכתב לדוד שלי.
9 אני רוצה שתשכור דירה בשבילי. 10 אני רוצה שתבקרי אותי/אצלי.

Exercise 95

When you go [down] to the city, I want you to ask the clerk in the bank when it's possible to buy travellers' cheques. Then make an appointment [arrange a meeting] with the bank manager. When you are sitting with him, I want him to write down the numbers of the cheques. I don't want him to see my passport because of my age. Don't drink tea together, because you won't have time. Afterwards, buy some tomatoes and potatoes and a watermelon at Mrs Michaeli's. I want her to (cut) open the watermelon because I don't want her to sell me a bad [not good] watermelon. Also buy (some) wine, but don't drink it! Will you remember everything? Don't forget. You're a good son.

Exercise 96

"תשאל את הפקיד!" "תקבע פגישה!" "תקנה עגבניות ואבטיח!" "אל תשתה תה!" "תפתח את האבטיח!" ואין לי זמן. אני צריך לעבוד. וגם אסור לי לשתות את היין שלה! אין דבר. לא אֶשְׁכַּח שום דבר. אני לא רוצה שהיא תִדְאַג. אהיה בן טוב.

Exercise 97

Naomi lives in Haifa and she is going [down] to the city by Carmelit to buy clothes. In the shop:

Naomi: Good morning. I have a request of you. Yesterday I bought this skirt and when I got home I found that it isn't for me – I would like you to find me another skirt, please.

Salesperson: I remember you. You came to me yesterday. You want me to find you another skirt? You don't like it? Isn't it nice on you?

Naomi: No.

Salesperson: Why?

Naomi: Maybe because of the colour. I don't like red so much. And I don't have a blouse to match [a suitable blouse].

Salesperson: What size are you? I've forgotten.

Naomi: 42.

Salesperson: Here are the skirts. Try them on. [Measure them.] Maybe you'll find another one.

Naomi tries on many skirts in many colours.

Naomi: I won't find a suitable skirt. Do you perhaps have a blouse?

Salesperson: Here, in front of you there are many blouses. But you must try them on.

Naomi tries blouse after blouse, with sleeves and without sleeves.

Naomi: I'm sorry, but you don't have [any] blouses for me. Perhaps you can [you will] find a dress for me?

Salesperson: I'll find but you won't find, madam.

The same story: again many dresses, trousers, coats and skirts. There are no nice clothes for Naomi. She is tired and the salesperson is also tired. Finally:

Naomi: Here, I've found something. What a beautiful skirt! A red miniskirt. It will really be lovely on me. See how beautiful it is. I'll buy it.

Salesperson: But miss, don't buy . . . without trying . . .

Naomi: You want me to try it on first? But it will be all right! Look [See]! It's so beautiful.

Salesperson: But madam, that's the skirt you bought yesterday when you were in the shop and today you wanted to exchange it. You can't buy it again.

Naomi: Really? Never mind. in any case, now I like it. Don't worry. It's so beautiful. Fabulous! I'm very happy that I came to you (pl) again.

Exercise 98

כאשר היה יום ההולדת* של אריק החברים שלו חיפשׂוּ מקום למסיבה. מר בר-און מצא חדר יפה בבנין של האח שלו, אבל כאשר החברים באו לראות את החדר הם ראו שמישהו כתב:
אסור לעשן.
לא לנגן מוסיקה. [אל תנגנו מוסיקה].
בבקשה לא לאכול בזמן שאתה עומד.
אנחנו לא רוצים שתפתחו את החלונות.
תסגרו את הדלת אחריכם כאשר אתם הולכים.
נבדוק את החדר כאשר תגמרו את המסיבה שלכם.
אחרי שקראו את ההוראות אמרה אילנה: "אנחנו לא רוצים שהמסיבה שלך תהיה פה. המקום הזה נורא. נמצא מקום אחר. אולי דיסקו. זה יהיה יפה."
"אתם בּאים אלַי," אמרה שושנה. "הדירה שלי לא כל כך גדולה אבל יהיה לנו מספיק מקום. אני רוצה שהמסיבה של אריק תהיה אֶצְלִי."
אריק היה מאד שמח. "זאת תהיה מתנה יפה בשבילי," הוא אמר. "ותהיה לי מסיבה למרות הכל."

NOTE: * The definite article is appended to the **second** noun comprising 'birthday'.

Exercise 99

"איזה בגדים יפים! הנה עדנה לובשת שמלה בהרבה צבעים. היא תהיה יפה עלַי! והנה אורלי בחצאית קיץ אדומה עם גרבים (גרבונים) באותו הצבע. עכשו עדנה לובשת שמלה נוראה; האורך לא יפה. יש לאורלי מעיל חורף. אחריה רונית במכנסים אדומים וחולצה בלי שרוולים. לפניהן עוד בחורה לובשת את אותם המכנסים. מחר נראה את הבגדים של הבחורים!"

LESSON 13

Exercise 100

1 מחר נִתֵּן לאריק רדיו
מחר נִתֵּן לו רדיו
מחר הם יתנו לו רדיו
אתמול הם נָתנוּ לו רדיו
אתמול הם נתנו לאילנה רדיו
אתמול הוא נתן לאילנה רדיו
2 אנחנו נדבר עברית יפה
אתם תדברו עברית יפה
אתמול אתם דיברתם עברית יפה
אתמול היא דיברה עברית יפה
בשבוע הבא היא תדבֵּר עברית יפה
בשבוע הבא הם ידברו עברית יפה
3 הוא לקח את הבגדים לחנות
מחר הוא יִקח את הבגדים לחנות
מחר אנחנו נִקח את הבגדים לחנות
מחר אילנה תִקח את הבגדים לחנות
אתמול אילנה לָקחה את הבגדים לחנות
אתמול הם לקחו את הבגדים לחנות
בשנה הבאה הם יִקחו את הבגדים לחנות

Exercise 101

היה לשושנה ומר בר-און ריב קטן. מר בר-און עובד קשֶׁה והוא בא הביתה בשעה תשע וחֵצי.

מר בר-און: אני מצטער, שושנה. את רוצה ללכת למסעדה?
שושנה: אתה שואל אותי אם אני רוצה ללכת למסעדה. לא.
מר בר-און: אם אנחנו הולכים אני אשלם!
שושנה: לא. אל תבקש אותי. לעולם לא אדבר אתך.
מר בר-און: שושנה, בבקשה לדבר אתי.
שושנה: אמרת שתבקר את האמא שלך. אמרת שאִם אתה בא הביתה בזמן נבקר אותה.
מר בר-און: אני תמיד מבקר אותה אם אני זוכר. אין דבר. תני לי לקחת אותך לקולנוע.
שושנה: לא. תקח את אילנה. היא תהיה שמחה ללכת אִתךָ.
מר בראון: בסדר, אם זה מה שאת רוצה. אני הולך. אם את רוצה לבוא אתי, נקח את האמא שלי לְמסעדה ולַקולנוע. אִם את לא רוצה - אז שלום. להִתרָאות.
שושנה: שלום.

Exercise 102

1 בבקשה לקחת את המתנה שֶׁנָּתַתִּי לְךָ.
2 אקח את החולצה כאשר אתה תְּבַקֵּר אותי [אצלי].
3 הבֶּן-דוד של אילנה, ליעם, ינגן בצ'לו [ינגן צ'לו] בקונצרט.
4 אל תְּלַמֵּד את המורֶה לדבר אנגלית. הוא לא ילמַד כי לא יהיה לו זמן.
5 האם נתנו לה את החצאית האדומה? לא, את נתת לה שׂמלה.
6 אני לא יכולה למצוא את המכנסַיִם שלי. אין דבר, נְחַפֵּשׂ אותם.
7 שושנה רוצה שֶׁמר בר-און יְשַׁלֵּם בעד הארוחה.
8 אל תדבר כל כך הרבה!
9 תן [תתן] לפקיד את המכתב והוא ישלח אותו.
10 שמואל, נָתַתָּ לגנב' מכאלי הרבה כסף! תִּקַּח כּמה תפוחי אדמה.

Exercise 103

Samuel has gone to the army for reserve duty. Every Israeli has to go to reserve duty when he has finished his army service. Samuel had to be in camp for three weeks. Before he went Helen said to him: 'Pack your clothes in the kitbag. I'll help you. What will you take?' she asked. He answered that he would take a jacket, three shirts, trousers, four pairs of socks, a pair of shoes, a sweater, a raincoat and a hat. Helen asked him if he would go [goes] by bus or truck. He answered that he would stand in the street and hitchhike to camp if it wasn't [wouldn't be] cold. Helen asked him when he would [will] come back. She said to him: 'When you return I'll be here. Don't forget me! Take this scarf because the nights are cold in the north.' Samuel said: 'It's nice of you to give me [nice that you gave me] the scarf. I won't forget you.'

Exercise 104

לפני שהלך הלן אמרה לו שיארוז את הבגדים שלו בתרמיל ושהיא תעזור לו. היא שאלה אותו מה יקח.
הוא ענה: "אני אקח ז'קט אחד (.etc)."
הלן שאלה אותו: "האם אתה נוסע באוטובוס או במשאית?"
הוא ענה: "אני אעמוד ברחוב ואתפוס טרמפ (.etc)."
הלן שאלה אותו: "מתי תחזור?"
היא אמרה לו שכאשר יחזור היא תהיה כאן, ושלא ישכח אותה ושיקח את הצעיף . . .
שמואל אמר שיפה שהיא נתנה לו את הצעיף, ושהוא לא ישכח אותה.

Exercise 105

1 א' 2 לא, ב' קטנה יותר מג'. 3 לא 4 ב' 5 לא, גדולה יותר. 6 לא, א' יותר גדולה מב'.

Exercise 106

איך אנחנו שומעים את החדשות? על ידי התקשורת. כל יום אנחנו קוראים את העיתון, שומעים את הרדיו או רואים טלויזיה. איזה טוב יותר?

אריק: אני חושב שהטלויזיה טובה יותר מהרדיו כי אם אני לא מבין את הכל אני יכול לראות טלויזיה וללמוד ממנה.

אילנה: אבל לעולם לא תלמַד לקרוא או להבין עברית.

אריק: כאשר אני לומד אני עוד אראה את החדשות.

אילנה: אני חושבת שהרדיו טוב יותר. השפה ברדיו טובה יותר מהשפה בטלויזיה כי אין תמונות. אם אין לך טלויזיה אתה צריך ללמוד עברית יותר מהר.

הלן: אני חושבת שהעיתון הטוב ביותר. אנחנו יכולים לקרוא את העיתון אם רוצים; אנחנו לא צריכים רדיו או טלויזיה כדי לדעת את החדשות. ואנחנו יכולים לקחת אִתנו עיתון כאשר אנחנו יוצאים.

אילנה: אבל לא תמצא בעיתונים את החדשות האחרונות.

אריק: אני עוד לא יכול לקרוא את העיתון. הטלויזיה הטובה ביותר. ואני רוצה שתראי אִתִי טלויזיה.

אילנה: בסדר, אם אתה רוצה. אבל הרדיו הטוב ביותר!

אריק: אילנה, את אוהבת מוסיקה. ליעם ינגן שוֹפֶּרט בטלויזיה מחר. את יכולה לשמוע אותו ברדיו אבל את לא רוצה לראות אותו?

אילנה: כן . . .

אריק: אז הטלויזיה הטובה ביותר! את יכולה לראות את ליעם, ואני? אם ישראל תְשַחֵק כדורגל ביום ראשון נגד קָמֶרוּן אני אראה אותם בטלויזיה.

אילנה: או, אריק! אתה לא תלמַד עברית לעולם!

Exercise 107

1E, 2I, 3H, 4K, 5F, 6C, 7B, 8A, 9J, 10L, 11D, 12G

LESSON 14

Exercise 108

1 איפה ישים את הספרים שלו? (ג) 2 איפה תשיר הקבוצה? (ט) 3 מתי תבואו לבקר? (ו) 4 באיזו שעה תקומי בבקר? (א) 5 איפה יגור? (ד) 6 איפה נשים את ההוראות? (ח) 7 את מי תשאל? (ה) 8 באיזה יום יעמדו על ההר? (ב) 9 מתי אתן תשלמו? (י) 10 מתי תבוא לגור בירושלים? (ז)

Exercise 109

Translation:

1 Eric thought that they (had) travelled to Galilee to see the snow on the mountains. 2 Samuel went [out] to reserve duty for three weeks. They didn't say [tell] when he will return. 3 Did they help them pack the clothes? 4 When Shoshana went to the office she saw a protest in the street. 5 Come, friends! We're going to this disco. It's better than the party at the hotel. 6 I got up early in the morning and I travelled to work in a bus. 7 When Liam played the cello it was beautiful; the cello sang like a singer. 8 He couldn't give Ilana instructions. We can help her. 9 Go home. You're not allowed [It's forbidden] to stand here. It's already late. 10 You played tennis on a new court.

Verbs in future tense (only changed verbs are given):

1 יִסעו 2 יֵצֵא 3 יַעַזְרוּ 4 תֵלֵך, תִראה 5 נֵלֵך 6 אקום, אסַע 7 יְנַגֵן, יָשִׁיר 8 יוּכל, נוּכל 9 תֵלכו 10 תְשַׂחֲקו

Exercise 110

כאשר הגיעו התיירים לירושלים בחורף שעבר הם מצאו שכל החנויות היו סגורות בגלל השבת. הם לא ידעו את הדרך למלון שלהם. ירד שלג וסַלִי המסכּנה היתה כמעט קפואה. ראה אותם שוטר והוא חשב שהם היו שתויים אבל הם שאלו אותו אם המלון שלהם סמוך לַתחנה המרכזית [על-יד התחנה המרכזית]. הוא ענה: "המלון הזה כבר סגור. אבל למה אתם לא הולכים ל YMCA שסמוך [על-ידן] למלון המֶלֶך דוִד?" "אנחנו נשׂואים," אמרה סַלִי, "ואני לא יכולה לגור שם." "יש מקום אחד שהוא פתוּחַ," אמר השוטר. "חם שם, ונִתן לכם כוס קפה בזמן שאתם חושבים על מה לעשות!"

Exercise 111

1 מורֶה, מורָה 2 מאיטַלְיָה 3 רופאים 4 מִרוסיה 5 אנגלית 6 יהודים 7 מִפּוֹרְטוּגָל 8 הולנדית 9 עורך/עורכת דין

Exercise 112

All the friends went to a funfair and there they found a tent in which a fortune teller sat with the crystal ball on the table in front of her. They immediately went in, in order to know their future. Eric was a little afraid of the fortune teller and perhaps also of his future! When they sat down, the fortune teller placed her hands on the ball:

Fortune teller: What can I give you [What to give you] today, ladies and gentlemen? Dreams? I have many dreams.

Ilana: One can't do anything with dreams. We have enough dreams. We can dream by ourselves. We want the future.

Fortune teller: Of course. (To Ilana:) You're first. You're an Israeli. You're an actress and I see that you'll have a career in the cinema. You'll be an absolute star! You'll travel to many fabulous places in the world. You'll be rich. Congratulations. And now (to Eric:) you're Eric. You're an American. You are leaving us [going from us] but you'll come to Israel next summer and return to us. You'll even work here in the law court in Jerusalem. And you . . . Shoshana . . . (Pause)

Ilana: Yes, what else? Don't stop.

Fortune teller: You're not allowed to talk, miss. It interrupts the broadcast. Shoshana . . . I see great joy. Soon. In the garden. (To Helen:) Helen, you're a nursing sister, you're English. You'll travel back to London. You'll meet an important doctor and from him you'll obtain work in a hospital. Samuel . . . (She falls asleep)

Ilana: Madam! Don't go to sleep! Please don't sleep. Open your [the] eyes. Speak! Get up!

Fortune teller: (waking suddenly) Where are we? What programme is it now?

Ilana: This isn't television. It's your ball.

Fortune teller: Pity.

Ilana: What will Samuel do?

Fortune teller: He'll shortly return from reserve duty and go [pass, transfer] to Haifa and work as an electrician in the theatre . . . You'll all receive what you want and you'll be able to do what you want to do. And now I see in the ball what **I** want: 8 shekels, please.

Exercise 113

שושנה ומר בר-און אמרו לחברים שלהם שהם רוצים להזמין אותם לחתונה שלהם.

"חתונה!" אמרה אילנה. "מזל טוב! מתי תהיה החתונה?"

"בקרוב. בעוד שבועיים," אמרה שושנה.

"איפה תגורו?"* שאלה הלן.

"אחרי החתונה נגור כאן, בתל-אביב. החופה תהיה בגינה של גב` בר-און בפתח תקוָה ואחר-כך תהיה חגיגה. כל החברים שלנו יבואו. בבקשה לבוא מוקדם."

"אני לא מבינה," אמרה הלן. "מהי חופה?"

שושנה ענתה: "בישראל יהודים יכולים להתחתן בבית כנסת אבל לא

בבית משפט כמו בארצות אחרות. זאת אומרת שאין חתונה אזרחית. לפעמים הישראלים עורכים את החתונה בחוץ בגינה, תחת חופה, לפי המסורת."
הלן אמרה: "אני מקוָה שיהיה לכם מזג-אויר טוב. אני רוצה להתחתן בכנסיה. נדמה לי שאין הרבה אנשים שעוד עושים את זה."
"בארץ הזאת הרבה אנשים רוצים להתחתן: בכנסיות, בבתי-כנסת ובמסגדים," אמרה שושנה.
אמר אריק בְּעַצְבוּת: "ואחר כך אנחנו צריכים ללכת. למדתי הרבה בישראל. למדתי איך באו היהודים מהרבה ארצות, אפילו מֵאֶתְיוֹפְּיָה באפריקה. למדתי על מלחמה ועל שלום. למדתי על הרוסים ולמדתי על עצמי."
הלן אמרה: "אל תדאג, אריק. שמעתָ מה אמרה מגדת העתידות. תחזור [תבוא חזרה] לישראל. תבַקר את החברים שלך, תִסע ואפילו תעבוד כאן! ואולי אפילו תלמד עברית למרות הכל."
אילנה אמרה: "אבל קודם אנחנו נוכל לעשות שמח בחתונה של שושנה ויונתן."
אריק שאל: "יונתן? מי הוא?"
שושנה ענתה: "מר בר-און!"

NOTE: * This means, literally, 'Where will you live?' As in English, there is a more colloquial form: 'Where are you going to live?' This is constructed in Hebrew in exactly the same way, by using the verb 'go' (הלך) in the appropriate form in the present tense, plus the infinitive. 'Where are you going to live?' can, therefore, be ?איפה אתם הולכים לגור.

LESSON 15

Exercise 114

הלן יושבת על המטוס. הטיסה שלה יצאה משדה התעופה בן-גוריון בשעה שש וחצי אחרי הצהרים. היא יושבת בשקט ודרך החלון היא רואה את ישראל למטה כמו מפה, בהרבה צבעים וצורות. היא אוהבת לטוס, ביחוד על הטיסה הזאת. היא שומעת את הנוסעים מדברים:

A: What's new?
B: I have to return to England but I don't like the weather there.
A: All of a sudden! You've lived there all your life. What do you do for a living? [What is your profession?]
B: I'm a banker, I mean, I work in bank management.
A: Really? Like the Rothschilds?
B: I wish! On the contrary, I work in a small bank.
(The steward comes by)

S: What would you like? Red or white wine?
B: I don't mind. What do you think?
(They receive the wine)
A: Cheers! I'm actually glad to be returning to London.
B: Cheers! What will **you** do there? I remember that you were once a teacher.
A: Now I'm the manager of a large hospital in Haifa.
B: Really? That's hard work.
A: Yes, especially if we don't have enough nurses.
B: You probably receive a large budget from the government.
A: I wish!
B: A pity. Good, I'm going to sleep. I hope you'll find your nurses. Good night.
A: (gets up to return to his seat) See you.

Exercise 115

1 היום הם מַרְגִישִׁים
בשבוע שעבר הם הִרְגִישׁוּ
היא הִרְגִישָׁה
אנחנו הִרְגַשְׁנוּ
מחר אנחנו נַרְגִישׁ
אתם תַּרְגִישׁוּ

2 הם יַגִיעוּ
אתמול הם הִגִיעוּ
אני הִגַעְתִּי
אתם הִגַעְתֶּם
היום אתם מַגִיעִים
בחודש הבא אתם תַּגִיעוּ

3 הוא הִתְחִיל
את הִתְחַלְתְּ
היום את מַתְחִילָה
בעוד שנה את תַּתְחִילִי
אתם תַּתְחִילוּ
בשנה שעברה אתם הִתְחַלְתֶּם

4 אתמול אתם הִזְמַנְתֶּם
היא הִזְמִינָה
עכשו היא מַזְמִינָה
אתה מַזְמִין
מחר אתה תַּזְמִין
הם יַזְמִינוּ
אני אַזְמִין

Exercise 116

Towards evening Edna washed [root שטף] the dishes and tidied [*pi'el* root סדר] the living room [literally 'the guest room']. She thought that this is a good opportunity to write a whole chapter [שָׁלֵם is a stative verb]. She saw the blue pen in the centre of the open book of short stories [the construct is used here twice: מֶרְכַּז and סֵפֶר], and she put on [literally 'lit'; root דלק] the light and sat at [literally 'beside'] her desk [שׁוּלְחַן is in the construct]. It was dark outside, and suddenly she heard a sound [literally 'a voice'] ...

Exercise 117 (The nouns in the construct are underlined and numbered.)

נִמְצָא פִּתְרוֹן זְמַנִּי
לְהֶמְשֵׁךְ[1] הַשִּׁידּוּרִים
בַּטֶלֶוִויזְיָה וּבָרַדְיוֹ

כ"1 במארס עמדה הנהלת[2] רָשׁוּת-[3]
השידור להפסיק את רוב שידוּרֵי[4] הטל-
וויזיה והרדיו. זאת לאחר שאין עדיין
גוף מנהל חדש לרשות[5]-השידור, אין
החלטה על תשלום[6] הָאַגְרָה, ואין תקציב
להמשך[7] השידורים.

שָׂרֵי[8] הממשלה פעלו כדי שהשידו-
רים יִמָּשְׁכוּ. משרד[9] האוצר הסכים להע-
ביר תקציב זמני, כדי לאפשר את הֶמְשֵׁךְ[10]
השידורים.

Translation:

A TEMPORARY SOLUTION HAS BEEN FOUND FOR THE CONTINUATION[1] OF BROADCASTS ON TELEVISION AND RADIO

On March 1 the Broadcasting Authority's management [the management[2] of the Authority of[3] Broadcasting] was about to stop most of the television

4
and radio broadcasts [broadcasts of the television and radio]. This is because [after] there is not yet a new management body for the
5
Broadcasting Authority [the Authority of Broadcasting], there is no
6
decision about the payment of the fee, and there is no budget for the
7
continuation of the broadcasts.
8
Government ministers [ministers of the government] have worked in
9
order that the broadcasts might be continued. The Treasury [the office of the Treasury] has agreed to allocate a temporary budget in order to make
10
the continuation of the broadcasts possible.

Exercise 118

1 הטיסה השבועית של אֶל-עַל לְסִין לא תֵּצֵא בשבוע הבא. זה יִהְיֶה בגלל
מספר קטן של נוסעים. רק עשרים נוסעים יִקְנוּ כרטיסים לטיסה,
ובמטוס הַגַ'מְבּוֹ של אל-על שֶׁיָּטוּס לסין יִהְיוּ ארבע מאות וחמישים
מקומות. הנוסעים יַעַבְרוּ לטיסה אחרת.

The weekly El-Al fight to China will not leave next week. This will be because of the small number of passengers. Only 20 passengers will buy tickets for the flight, and on the El-Al jumbo flight that goes to China there will be 450 seats [places]. The passengers will go [pass] to another flight.

2 "נְעמִי," כָּתַב הבחור לחברה שלו, "ביקשתי ממך להתחתן אתי,
ואני לא זוֹכֵר אִם עָנִית לי 'כן' או 'לא'." "שמוּאֵל," עָנְתָה נעמי,
"הָיִיתִי שָׂמֵחַ לקבל את המכתב. אָמַרְתִּי 'לא' למישהו, אבל אני
שָׁכַחְתִּי מי זה היה."

'Naomi,' wrote the young man to his girlfriend, 'I asked you to marry me but I don't remember if you answered "yes" or "no." ' 'Samuel,' answered Naomi, 'I was happy to receive your letter. I said "no" to someone, but I have forgotten who it was.'

Exercise 119

1 הרכבת הזאת טובה כמו מטוס.   2 אבל המטוס מגיע יותר מוקדם
מהרכבת.   3 האם אל-על טובה יותר מBA?   4 זאת הטיסה הטובה
ביותר.   5 הוא תמיד חושב שהוא יותר גדול ממני.

Exercise 120

1 אתה רוצה לִנְסוֹעַ או לַלֶכֶת?   2 אתה רוצה לָשֶבֶת או לָקוּם?   3 בבקשה
לִפְתּוֹחַ את החלון ולִרְאוֹת את הנוף.   4 בבקשה לַעֲבוֹד בבית היום.
5 הוא לא יכול לִשְׁאוֹל את המורה או לַעֲנוֹת לו.   6 את רוצה לְדַבֵּר או
לִשְׁמוֹעַ?   7 אתה צריך לִקְנוֹת ולְשַׁלֵם.   8 היא רוצה לְקַבֵּל או לִשְׁלוֹחַ?
9 הם רוצים לַחֲזוֹר ולָבוֹא.   10 אני צריכה לָקַחַת ולָתֵת.

Exercise 121

Unvocalized (write the vowels underneath):

"לך אל האשה הזאת – לא, לא א ל י ה ם*. אל האשה שלפניהם. אז פנה
[תפנה] שמאלה. אתה יכול לראות את בית-הקפה הקטן? אין בו אף אחד.
פתח [תפתח] את הדלת – לא, הדלת כבר פתוחה – ותמצא כסאות. קח
[תקח] כסא ועמוד [תעמוד] עליו. תראה את הגינה. כן, ת ע מ ו ד [עמוד]
עליו, אחרת לא תוכל לראות דרך החלון. אל תפחד. כאשר אתה רואה
[תראה] אותו רוץ [תרוץ] כמו הרוח – הוא ירוץ יותר מהר ממך! אל תדאג,
תמצא אותו אם תחפש אותו. כאשר הוא אצלך, תן לו לשתות ולאכול.
הוא יהיה רעב וצמא. אז נסע הביתה באוטובוס."

*NOTE: There is no italic in Hebrew. Words which are to be stressed
        are spread out.

Vocalized:

"לֵך אֶל הָאִשָּׁה הַזֹּאת – לֹא, לֹא אֲ לֵ י הֶ ם, אֶל הָאִשָּׁה שֶׁלִפְנֵיהֶם. אָז פְּנֵה
[תִּפְנֶה] שְׂמֹאלָה. אַתָּה יָכוֹל לִרְאוֹת אֶת בֵּית-הַקָּפֶה הַקָּטֹן? אֵין בּוֹ אַף אֶחָד.
פְּתַח [תִּפְתַּח] אֶת הַדֶּלֶת – לֹא, הַדֶּלֶת כְּבָר פְּתוּחָה – וְתִמְצָא כִּסְאוֹת. קַח
[תִּקַּח] כִּסֵּא וְעֲמוֹד [תַעֲמוֹד] עָלָיו. תִּרְאֶה אֶת הַגִּנָּה. כֵּן, תַ עֲ מ וֹ ד [עֲמוֹד]
עָלָיו, אַחֶרֶת לֹא תּוּכַל לִרְאוֹת דֶּרֶך הַחַלוֹן. אַל תְּפַחֵד. כַּאֲשֶר אַתָּה רוֹאֶה
[תִּרְאֶה] אוֹתוֹ רוּץ [תָרוּץ] כְּמוֹ הָרוּחַ – הוּא יָרוּץ יוֹתֵר מַהֵר מִמְּךָ! אַל תִּדְאַג,
תִּמְצָא אוֹתוֹ אִם תְּחַפֵּשׂ אוֹתוֹ. כַּאֲשֶר הוּא אֶצְלְךָ, תֵּן לוֹ לִשְׁתּוֹת וְלָאֱכוֹל. הוּא
יִהְיֶה רָעֵב וְצָמֵא. אָז נְסַע הַבַּיְתָה בָּאוֹטוֹבּוּס."

APPENDIX

Exercise 122
Dear Gila [to dear Gila many greetings],
At last I returned home after a very pleasant flight. But the other side of
the coin is that already tomorrow I start work, before having had [I'll
have] a chance to organize my flat, to do (some) shopping and to prepare
food. And I know that in the office many problems are waiting for me.
I want to thank you [say thank you to you] for what you did for me
while I was with you in Israel. Everything was wonderful: the tours, the
concerts, the sport and especially the meals.
Till next time,
Yours,
Bill

Mini-dictionary

In this mini-dictionary the plurals of nouns are listed only if they are irregular. The feminine form of the noun is, in most cases, listed alongside the masculine form. Verbs are listed by root only. *Pi'el* and *hif'il* verbs are indicated. For the infinitive forms, see the separate list of infinitives on page 205.

	א
father(s)	אָב, אָבוֹת
watermelon (m)	אֲבַטִּיחַ
spring (m)	אָבִיב
but	אֲבָל
fee (f)	אַגְרָה
aerogramme (f)	אִגֶּרֶת אֲוִיר
red	אָדוֹם (אֲדוּמָה, אֲדוּמִּים, אֲדוּמּוֹת)
love, like	אהב
love (noun, f)	אַהֲבָה
or	אוֹ
tent (m)	אוֹהֶל
bus (m)	אוֹטוֹבּוּס
perhaps	אוּלַי
university (f)	אוּנִיבֶרְסִיטָה
length (m)	אוֹרֶךְ
light (m)	אוֹר
her	אוֹתָהּ
the same (f)	אוֹתָהּ הַ-
him	אוֹתוֹ
the same (m)	אוֹתוֹ הַ-
me (m, f)	אוֹתִי
you (m sing)	אוֹתְךָ
you (f sing)	אוֹתָךְ
them (m pl)	אוֹתָם
them (f pl)	אוֹתָן
us (m, f)	אוֹתָנוּ
then	אָז
ear, ears (f)	אֹזֶן, אָזְנַיִם
civil	אֶזְרָחִי
brother(s), nurse(s) (m)	אָח, אַחִים
one (m)	אֶחָד
sister(s), nurse(s) (f)	אָחוֹת, אֲחָיוֹת
nephew(s)	אַחְיָן, אַחְיָנִים
niece(s)	אַחְיָנִית, אַחְיָנִיּוֹת

other, others (m)	אֲחֵרִים
after	אַחֲרֵי שֶׁ-
afterwards	אַחֲרֵי-כֵן
afterwards	אַחַר-כָּךְ
otherwise	אַחֶרֶת
one (f)	אַחַת
which (m, f)	אֵיזֶה, אֵיזוֹ
butcher's (m)	אִיטְלִיז
how	אֵיךְ
there is/are not	אֵין
it doesn't matter	אֵין דָּבָר
eat	אכל
to	אֶל
don't	אַל
a thousand	אֶלֶף
two thousand	אַלְפַּיִם
if	אִם
mother(s)	אֵם, אִמָּהוֹת
his mother	אִמּוֹ
say	אמר
England (f)	אַנְגְלִיָה
English (f)	אַנְגְלִית
we (m & f)	אֲנַחְנוּ
I (m & f)	אֲנִי
people	אֲנָשִׁים
forbidden	אָסוּר (אֲסוּרָה, אֲסוּרִים, אֲסוּרוֹת)
telephone token (m)	אֲסִימוֹן
nose (m)	אַף
no one (m, f)	אַף אֶחָד, אַף אַחַת
even	אֲפִילוּ
zero (m)	אֶפֶס
never	אַף פַּעַם
possible	אֶפְשָׁר
make possible *(four-letter root)*	אפשר [לְאַפְשֵׁר]

finger(s) (f)	אֶצְבַּע(וֹת)
at, by	אֵצֶל
climate (m)	אַקְלִים
four (f)	אַרְבַּע
four (m)	אַרְבָּעָה
forty	אַרְבָּעִים
pack	ארז
meal (f)	אֲרוּחָה
breakfast (f)	אֲרוּחַת בּוֹקֶר
supper, dinner (f)	אֲרוּחַת עֶרֶב
cupboard, closet (m)	אָרוֹן, אֲרוֹנוֹת
country, countries (f)	אֶרֶץ, אֲרָצוֹת
the United States (f)	אַרְצוֹת הַבְּרִית
wife, wives (women)	אִשָּׁה, נָשִׁים
admit (to hospital) *(four-letter root)*	לְאַשְׁפֵּז
you (f)	אַתְּ
particle, indicating direct object	אֶת
you (m)	אַתָּה
you (m pl)	אֶתְכֶם, אוֹתְכֶם
you (f pl)	אֶתְכֶן, אוֹתְכֶן
you (m)	אַתֶּם
yesterday	אֶתְמוֹל
you (f)	אַתֶּן
	ב
in	בְּ-
really, truly	בֶּאֱמֶת
clothes (m)	בְּגָדִים
because of	בִּגְלַל
examine, check	בדק
usually	בְּדֶרֶךְ כְּלָל
good luck!	בְּהַצְלָחָה!
come	בּוֹא
stamp (m)	בּוּל
morning (m)	בּוֹקֶר
outside	בַּחוּץ
young man	בָּחוּר
young girl	בַּחוּרָה
sure (m sing)	בָּטוּחַ
certainly, surely	בֶּטַח
stomach (f)	בֶּטֶן
especially	בְּיִחוּד
insurance (m)	בִּיטּוּחַ
egg, eggs (f)	בֵּיצָה, בֵּיצִים
beer (f)	בִּירָה
house, houses (m)	בַּיִת, בָּתִּים
a hospital, hospitals (m)	בֵּית-חוֹלִים, בָּתֵּי-חוֹלִים
a synagogue, synagogues (m)	בֵּית-כְּנֶסֶת, בָּתֵּי-כְּנֶסֶת
a law court, law courts (m)	בֵּית-מִשְׁפָּט, בָּתֵּי-מִשְׁפָּט
school (m)	בֵּית-סֵפֶר
café (m)	בֵּית-קָפֶה
anyway	בְּכָל אוֹפֶן
in any case	בְּכָל זֹאת
without	בְּלִי
stage, platform (f)	בָּמָה
son(s)	בֵּן, בָּנִים
cousin(s) (m)	בֶּן-דּוֹד, בְּנֵי-דּוֹד
build	בנה
building (m)	בִּנְיָן
banana (f)	בָּנָנָה
bank (m)	בַּנְק
banker	בַּנְקַאי/ת
OK, fine	בְּסֵדֶר
for (the sake of)	בְּעַד
problem (f)	בְּעָיָה
husband(s)	בַּעַל, בְּעָלִים
actually	בְּעֶצֶם
visit *(pi’el)*	בקר
knee(s) (f)	בֶּרֶךְ, בִּרְכַּיִם
request, ask for *(pi’el)*	בקש
request (f)	בַּקָּשָׁה
welcome! (to a man)	בָּרוּךְ הַבָּא
welcome! (to a woman)	בְּרוּכָה הַבָּאָה
the Soviet Union (f)	בְּרִית הַמּוֹעָצוֹת
next week	בַּשָּׁבוּעַ הַבָּא
for	בִּשְׁבִיל
nowhere	בְּשׁוּם מָקוֹם
cook *(pi’el)*	בשל
called	בְּשֵׁם
next year	בַּשָּׁנָה הַבָּאָה
meat (m)	בָּשָׂר

daughter(s)	בַּת, בָּנוֹת
good appetite!	בְּתֵאָבוֹן
cousin(s) (f)	בַּת-דוֹדָה, בְּנוֹת-דוֹדָה
	ג
cheese (f)	גְּבִינָה
ladies and gentlemen!	גְּבִירוֹתַי וְרַבּוֹתַי
Mrs, Miss, Madam	גְּבֶרֶת (גב׳)
large	גָּדוֹל (גְּדוֹלָה גְּדוֹלִים גְּדוֹלוֹת)
height (m)	גּוֹבַהּ
jogging (m)	ג׳וֹגִינְג
body (m)	גּוּף
live, dwell	גּוּר
bug, insect (m; slang)	ג׳וּק
age (m)	גִּיל
garden (f)	גִּינָה
brother(s)-in-law	גִּיס, גִּיסִים
sister(s)-in-law	גִּיסָה, גִּיסוֹת
postcard (f)	גְּלוּיָה
Galilee	גָּלִיל
also	גַּם
sock(s), stocking(s) (m)	גֶּרֶב, גַּרְבַּיִם
throat (m)	גָּרוֹן
rain(s) (m)	גֶּשֶׁם, גְּשָׁמִים
	ד
worry	דאג
thing (m)	דָּבָר
speak *(pi'el)*	דִּבֵּר
honey (m)	דְּבַשׁ
fish (m)	דָּג
post, post office (m)	דּוֹאַר
airmail	דּוֹאַר אֲוִיר
uncle(s)	דּוֹד, דּוֹדִים
aunt(s)	דּוֹדָה, דּוֹדוֹת
dollar (m)	דּוֹלַר
diet (f)	דִּיאֶטָה
air steward(ess)	דַּיָּל, דַּיֶּלֶת
apartment, flat (f)	דִּירָה
petrol, gas (m)	דֶּלֶק
light *(hif'il)*	דלק [לְהַדְלִיק]
door (f)	דֶּלֶת
minute (f)	דַּקָּה

south (m)	דָּרוֹם
South Africa (f)	דְּרוֹם אַפְרִיקָה
through	דֶּרֶךְ
usually	בְּדֶרֶךְ כְּלָל
passport (m)	דַּרְכּוֹן
	ה
the	הַ-
interrogative	הַאִם
he	הוּא
notice (f)	הוֹדָעָה
instructions (f)	הוֹרָאוֹת
today	הַיּוֹם
opportunity (f)	הִזְדַּמְנוּת
decision (f)	הַחְלָטָה
she	הִיא
be	היה
the most	הֲכִי
everything	הַכֹּל
I wish, if only	הַלְוַאי
they (m)	הֵם
travellers' cheques (f pl)	הַמְחָאוֹת נוֹסְעִים
continuation (m)	הֶמְשֵׁךְ
here is, here are	הִנֵּה
here [to here]	הֵנָּה
management (f)	הַנְהָלָה
this evening	הָעֶרֶב
demonstration, protest (f)	הַפְגָּנָה
overturn	הפך
mountain (m)	הַר
much, many	הַרְבֵּה
Mount Scopus	הַר הַצּוֹפִים
marry	הִתְחַתֵּן [לְהִתְחַתֵּן]
pray	הִתְפַּלֵּל [לְהִתְפַּלֵּל]
	ו
and	וְ-
	ז
this/it is (f)	זֹאת
that is to say	זֹאת אוֹמֶרֶת
this/it is (m)	זֶה

caution (f)	זְהִירוּת
pair, pairs [of] (m)	זוּג, זוּגוֹת
olive(s) (m)	זַיִת, זֵיתִים
remember	זכר
time (m)	זְמַן
invite *(hif'il)*	זמן [לְהַזְמִין]
temporary	זְמַנִּי, זְמַנִּית
singer	זַמָּר, זַמֶּרֶת
jacket (m)	זָ׳קֶט
arm(s) (f)	זְרוֹעַ, זְרוֹעוֹת

ח

a pity, it's a pity	חֲבָל
friend (m)	חָבֵר
friend (f)	חֲבֵרָה
celebration (f)	חֲגִיגָה
room (m)	חֶדֶר
the dining-room (m)	חֲדַר-הָאוֹרְחִים
the bathroom (m)	חֲדַר-הָאַמְבַּטְיָה
waiting room (m)	חֲדַר-הַמְתָּנָה
new	חָדָשׁ (חֲדָשָׁה, חֲדָשִׁים, חֲדָשׁוֹת)
news (f)	חֲדָשׁוֹת
month(s) (m)	חוֹדֶשׁ, חוֹדָשִׁים
ill, patient (m, f)	חוֹלֶה, חוֹלָה
blouse, shirt (f)	חוּלְצָה
temperature (m)	חוֹם
hummous (m)	חוּמוּס
canopy (f)	חוּפָּה
apart from this	חוּץ מִזֶּה
winter (m)	חוֹרֶף
darkness (m)	חוֹשֶׁךְ
chest (m)	חָזֶה
return	חזר
life (m pl)	חַיִּים
wait *(pi'el)*	חכה
milk (m)	חָלָב
dream(s) (m)	חֲלוֹם, חֲלוֹמוֹת
dream	חלם
change, exchange *(hif'il)*	חלף [לְהַחְלִיף]
hot	חַם (חַמָּה, חַמִּים, חַמּוֹת)
mother(s)-in-law	חָמוֹת, חֲמָיוֹת
fifth	חֲמִישִׁי, חֲמִישִׁית
five (f)	חָמֵשׁ
five (m)	חֲמִשָּׁה
fifty	חֲמִשִּׁים
salesperson (f)	חֶנְוָנִית
shop (f)	חֲנוּת
seek, look for *(pi'el)*	חפש
skirt(s) (f)	חֲצָאִית, חֲצָאִיּוֹת
midnight (f)	חֲצוֹת
half (m)	חֵצִי
half of	חֲצִי
farmer (m, f)	חַקְלַאי, חַקְלָאִית
freedom (f)	חֵרוּת
think	חשב
bill (m)	חֶשְׁבּוֹן
important	חָשׁוּב (חֲשׁוּבָה, חֲשׁוּבִים, חֲשׁוּבוֹת)
electrician	חַשְׁמַלַּאי/ת
wedding (f)	חֲתוּנָה
marry	חתן [הִתְחַתֵּן]

ט

good	טוֹב (טוֹבָה טוֹבִים טוֹבוֹת)
fly (in an aircraft)	טוס
tehini (f)	טְחִינָה
tour, stroll *(pi'el)*	טיל
pilot	טַיָּס, טַיֶּסֶת
flight (f)	טִיסָה
television (f)	טֶלֶוִיזְיָה
telephone (m)	טֶלֶפוֹן
telephone (infinitive)	לְטַלְפֵּן
tennis (m)	טֶנִיס
err, make a mistake	טעה
trombone (m)	טְרוֹמְבּוֹן
hitchhike, lift (m; slang)	טְרֶמְפּ
to hitchhike	לִתְפּוֹס טְרֶמְפּ

י

dry	יָבֵשׁ (יְבֵשָׁה, יְבֵשִׁים, יְבֵשׁוֹת)
a hand, hands (f)	יָד, יָדַיִם
known	יָדוּעַ
know	ידע
Jew(s)	יְהוּדִי/ם
yoghurt (m)	יוֹגוּרְט

day(s) (m)	יוֹם, יָמִים
birthday (m)	יוֹם הוּלֶדֶת
Thursday	יוֹם חֲמִישִׁי
Sunday	יוֹם רִאשׁוֹן
Wednesday	יוֹם רְבִיעִי
Friday	יוֹם שִׁישִׁי
Tuesday	יוֹם שְׁלִישִׁי
Monday	יוֹם שֵׁנִי
more	יוֹתֵר
too much	יוֹתֵר מִדַּי
together	יַחַד
wine (m)	יַיִן
can, able (to)	יכל
child, children, boy(s)	יֶלֶד, יְלָדִים
sea (m)	יָם
right (m, f)	יָמִין, יְמִינָה
they will be continued	יִמָּשְׁכוּ
beautiful	יָפֶה (יָפָה, יָפִים, יָפוֹת)
go out	יצא
exit (f)	יְצִיאָה
expensive, dear (beloved)	יָקָר (יְקָרָה, יְקָרִים, יְקָרוֹת)
descend	ירד
vegetables (m)	יְרָקוֹת
there is/are	יֵשׁ
sit	ישב
old (of things, not people)	יָשָׁן (יְשָׁנָה, יְשָׁנִים, יְשָׁנוֹת)
sleep	ישן

כ

a pain (m)	כְּאֵב
hurt	כאב
stomach-ache (m)	כְּאֵב בֶּטֶן
headache (m)	כְּאֵב רֹאשׁ
toothache (m)	כְּאֵב שִׁנַּיִם
here	כָּאן
when (conjunction)	כַּאֲשֶׁר
launder *(pi'el)*	כבס
conquer	כבש
already	כְּבָר
crystal ball (m)	כַּדּוּר בְּדוֹלַח
football (m)	כַּדּוּרֶגֶל
worthwhile	כְּדַאי
in order to	כְּדֵי לְ-
hat (m)	כּוֹבַע
film star (f)	"כּוֹכֶבֶת"
everyone, all of them (m, f)	כּוּלָם, כּוּלָן
a glass (f)	כּוֹס
blue	כָּחוֹל (כְּחוּלָה, כְּחוּלִים, כְּחוּלוֹת)
because	כִּי
each, every	כָּל
all day	כָּל הַיּוֹם
nothing	כְּלוּם
dishes (m)	כֵּלִים
so much, so	כָּל כָּךְ
so, thus	כָּכָה
how much, how many	כַּמָּה
some	כַּמָּה
what does it/do they cost?	כַּמָּה עוֹלֶה (עוֹלָה, עוֹלִים, עוֹלוֹת)
as, like	כְּמוֹ
of course	כַּמּוּבָן
almost	כִּמְעַט
yes	כֵּן
surrender	כנע
entrance (f)	כְּנִיסָה
church (f)	כְּנֵסִיָּה
Israeli Parliament (f)	כְּנֶסֶת
chair(s) (m)	כִּסֵּא, כִּסְאוֹת
money (m)	כֶּסֶף
enjoyment, fun (m; slang)	כֵּף
ticket (m)	כַּרְטִיס
write	כתב
writing (f)	כְּתִיבָה
the Western Wall (m)	הַכֹּתֶל הַמַּעֲרָבִי
shoulder(s) (f)	כָּתֵף, כְּתֵפַיִם

ל

to	לְ-
no, not	לֹא
where (to)?	לְאָן?
alone	לְבַד
white	לָבָן (לְבָנָה, לְבָנִים, לְבָנוֹת)
wear	לבש
on the contrary	לְהֵפֶךְ

see you soon!	לְהִתְרָאוֹת
funfair (m)	לוּנָה פָּארק
cheers! [to life!]	לְחַיִּים!
night, nights (m)	לַיְלָה, לֵילוֹת
learn, study	למד
teach *(pi'el)*	למד
why	לָמָה
down	לְמַטָּה
up	לְמַעְלָה
in spite of it all	לַמְרוֹת הַכֹּל
for example	לְמָשָׁל
rarely, seldom	לְעִתִּים רְחוֹקוֹת
according to	לְפִי
before	לִפְנוֹת
before	לִפְנֵי שֶׁ-
sometimes	לִפְעָמִים
often, frequently	לְעִתִּים קְרוֹבוֹת
take	לקח
tongue, language (f)	לָשׁוֹן
bureau (f)	לִשְׁכָּה

מ

very	מְאֹד
a hundred (f)	מֵאָה
late	מְאוּחָר
baker's (f)	מַאֲפִיָּה
March	מַארְס
understand (m, f sing)	מֵבִין, מְבִינָה
fortune teller (f)	מַגֶּדֶת עֲתִידוֹת
arrive (m, f sing)	מַגִּיעַ, מַגִּיעָה
desert (m)	מִדְבָּר
thermometer (m)	מַדְחוֹם
measure	מדד
what	מַה
what do you think? what's your opinion?	מַה דַעְתְּךָ?
engineer	מְהַנְדֵּס, מְהַנְדֶּסֶת
what's the matter?	מַה יֵּשׁ?
what's new?	מַה נִשְׁמַע?
what else?	מַה עוֹד?
quickly	מַהֵר
how are you? (m; to a man)	מַה שְּׁלוֹמְךָ
how are you? (f; to a woman)	מַה שְּׁלוֹמֵךְ
advertisement (f)	מוֹדָעָה
museum (m)	מוּזֵאוֹן
salesperson (m, f)	מוֹכֵר, מוֹכֶרֶת
taxi, cab (f)	מוֹנִית
early	מוּקְדָּם
teacher	מוֹרֶה, מוֹרָה
death (m)	מָוֶת
weather (m)	מֶזֶג אֲוִיר
suitcase (f)	מִזְוָדָה
luck (m)	מַזָּל
congratulations	מַזָּל טוֹב!
secretary	מַזְכִּיר, מַזְכִּירָה
camp, camps (m)	מַחֲנֶה, מַחֲנוֹת
tomorrow	מָחָר
computer (m)	מַחְשֵׁב
kitchen (m)	מִטְבָּח
coin (m)	מַטְבֵּעַ
aircraft (m)	מָטוֹס
handkerchief (f)	מִטְפַּחַת
who, who is	מִי
open area, square, court (m)	מִיגְרָשׁ
size (f)	מִידָּה
reserve military service (m pl)	מִילוּאִים
water (m pl)	מַיִם
who else?	מִי עוֹד?
juice (m)	מִיץ
orange juice (m)	מִיץ תַּפּוּזִים
laundry (f)	מַכְבֵּסָה
trousers (m)	מִכְנָסַיִם
sell	מכר
full (m sing)	מָלֵא
hotel (m)	מָלוֹן
cucumber (m)	מְלָפְפוֹן
war (f)	מִלְחָמָה
waiter, waitress	מֶלְצַר, מֶלְצָרִית
absolutely	מַמָּשׁ
government (f)	מֶמְשָׁלָה
a helping, course (f)	מָנָה

manager	מְנַהֵל, מְנַהֶלֶת
mosque (m)	מִסְגָּד
party (f)	מְסִיבָּה
poor thing(s)!	מִסְכֵּן (מִסְכֵּנָה, מִסְכֵּנִים, מִסְכֵּנוֹת)
restaurant (f)	מִסְעָדָה
tradition (f)	מָסוֹרֶת
enough	מַסְפִּיק
barber's, hairdresser's (f)	מִסְפָּרָה
the telephone number (m)	מִסְפַּר הַטֶּלֶפוֹן
a little	מְעַט
coat (m)	מְעִיל
map (f)	מַפָּה
key, keys (m)	מַפְתֵּחַ, מַפְתְּחוֹת
find	מצא
be sorry (m, f sing)	מִצְטַעֵר, מִצְטַעֶרֶת
camera (f)	מַצְלֵמָה
fabulous! (slang)	מַקְסִים (מַקְסִימָה, מַקְסִימִים, מַקְסִימוֹת)
place(s), space(s) (m)	מָקוֹם, מְקוֹמוֹת
profession(s), occupation(s) (m)	מִקְצוֹעַ, מִקְצוֹעוֹת
Mr	מַר
centre, middle (m)	מֶרְכָּז
elbow (m)	מַרְפֵּק
soup (m)	מָרָק
pharmacy (f)	מִרְקַחַת
truck (f)	מַשָּׂאִית
someone	מִשֶׁהוּ
something	מַשֶּׁהוּ
police, police station (f)	מִשְׁטָרָה
will be continued (m pl)	משך (יִמָּשְׁכוּ)
office (m)	מִשְׂרָד
Treasury (m)	מִשְׂרַד הָאוֹצָר
tourist office (m)	מִשְׂרַד הַתַּיָּרוּת
suitable	מַתְאִים (מַתְאִימָה, מַתְאִימִים, מַתְאִימוֹת)
when	מָתַי
wait *(hif'il)*	מתן [לְהַמְתִּין]
gift (f)	מַתָּנָה

נ

fine (adj)	נָאֶה (נָאָה, נָאִים, נָאוֹת)
Negev desert (m)	נֶגֶב
play (musical instrument) *(pi'el)*	נגן
arrive *(hif'il)*	נגע [לְהַגִּיעַ]
it seems to me	נִדְמֶה לִי
driver (m)	נֶהָג
river (m)	נָהָר
the letter נ, ן *(noon)* of the Hebrew alphabet	נוּן
landscape, view (m)	נוֹף
terrible	נוֹרָא (נוֹרָאָה, נוֹרָאִים, נוֹרָאוֹת)
a cold (f)	נַזֶּלֶת
nice, pleasant	נֶחְמָד (נֶחְמָדָה, נֶחְמָדִים, נֶחְמָדוֹת)
grandson(s)	נֶכֶד, נְכָדִים
granddaughter(s)	נֶכְדָּה, נֶכְדוֹת
correct (adj)	נָכוֹן (נְכוֹנָה, נְכוֹנִים, נְכוֹנוֹת)
they entered	נִכְנְסוּ
travel	נסע
pleasant	נָעִים, (נְעִימָה, נְעִימִים, נְעִימוֹת)
shoes (f)	נַעֲלַיִם
wonderful	נִפְלָא (נִפְלָאָה, נִפְלָאִים, נִפְלָאוֹת)
married	נָשׂוּי (נְשׂוּאָה, נְשׂוּאִים, נְשׂוּאוֹת)
give	נתן

ס

grandfather(s)	סָב, סַבָּא, סָבִים
grandmother(s)	סַבְתָּא, סַבְתָּה, סַבְתוֹת
closed	סָגוּר (סְגוּרָה, סְגוּרִים, סְגוּרוֹת)
close (verb)	סגר
arrange, tidy *(pi'el)*	סדר
jumper, pullover (m)	סְוֶדֶר
agent (m, f)	סוֹכֵן, סוֹכֶנֶת
finally	סוֹף סוֹף

supermarket (m)	סוּפֶּמַרְקֶט
writer	סוֹפֵר, סוֹפֶרֶת
agree *(hif'il)*	סכם [לְהַסְכִּים]
danger (f)	סַכָּנָה
salad (m)	סָלָט
excuse me, I beg your pardon	סְלִיחָה
close by, adjacent to	סָמוּךְ
storm (f)	סְעָרָה
story (m)	סִפּוּר
tell [to] *(pi'el)*	ספר
book, books (m)	סֵפֶר, סְפָרִים
telephone directory (m)	סֵפֶר טֶלֶפוֹנִים
skiing (m)	סְקִי
film (m)	סֶרֶט
just so, for no reason	סְתָם
	ע
work (f)	עֲבוֹדָה
work	עבד
pass	עבר
transfer *(hif'il)*	עבר [לְהַעֲבִיר]
Hebrew (f)	עִבְרִית
tomato (f)	עַגְבָנִיָה
still, yet	עֲדַיִן
still, more	עוֹד
another one	עוֹד אֶחָד/אַחַת
not yet	עוֹד לֹא
shortly, soon	עוֹד מְעַט
change (coins) (m)	עוֹדֶף
again	עוֹד פַּעַם
world (m)	עוֹלָם
chicken, poultry (m)	עוֹף
lawyer	עוֹרֵךְ/עוֹרֶכֶת דִין
help	עזר
pen (m)	עֵט
eye, eyes (f)	עַיִן, עֵינַיִם
tired (m sing)	עָיֵף
city, cities (f)	עִיר, עָרִים
the Old City (of Jerusalem) (f)	הָעִיר הָעַתִּיקָה
newspaper (m)	עִיתּוֹן

on	עַל
beside, next to	עַל יַד
by means of	עַל יְדֵי
now	עַכְשָׁו
with	עִם
valley(s) (m)	עֵמֶק, עֲמָקִים
answer	ענה
sadness (f)	עַצְבוּת
herself	עַצְמָה
himself	עַצְמוֹ
myself	עַצְמִי
bone (f)	עֶצֶם
yourself (m)	עַצְמְךָ
yourself (f)	עַצְמֵךְ
yourselves (m pl)	עַצְמְכֶם
yourselves (f pl)	עַצְמְכֶן
themselves (m pl)	עַצְמָם
themselves (f pl)	עַצְמָן
ourselves (m, f pl)	עַצְמֵנוּ
stop	עצר
evening (m)	עֶרֶב
this evening	הָעֶרֶב
arrange	ערך
do	עשׂה
have a good time	עשׂה שָׂמֵחַ
rich (m sing)	עָשִׁיר
tenth	עֲשִׂירִי, עֲשִׂירִית
ten (m)	עֲשָׂרָה
twenty	עֶשְׂרִים
smoke *(pi'el)*	עשן
ten (f)	עֶשֶׂר
future (m)	עָתִיד
	פ
meet	פגשׁ
meeting (f)	פְּגִישָׁה
mouth (m)	פֶּה
be afraid, fear	פחד
less	פָּחוֹת
falafel (m)	פָלָפֶל
turn	פנה
vacant (e.g. on door)	פָּנוּי
flashlight, torch (m)	פָּנָס

puncture, mishap (m)	פַּנְצֶ'ר
notebook (m)	פִּנְקָס
stop *(hif'il)*	פסק [לְהַפְסִיק]
act, do	פעל
time, once (f)	פַּעַם
once	פַּעַם אַחַת
twice	פַּעֲמַיִם
clerk (m, f)	פָּקִיד, פְּקִידָה
fruit (m)	פֵּרוֹת
prize (m)	פְּרָס
interfere *(hif'il)*	פרע [לְהַפְרִיעַ]
chapter, section (m)	פֶּרֶק
suddenly	פִּתְאוֹם
open	פָּתוּחַ (פְּתוּחָה, פתוּחִים, פתוּחוֹת)
open	פתח
solution (m)	פִּתָרוֹן

צ

army (m)	צָבָא
army (adj)	צְבָאִי
colour(s) (m)	צֶבַע, צְבָעִים
side (m)	צַד
be correct	צדק
noon (m)	צָהֳרַיִם
neck (m)	צַוָּאר
form (f)	צוּרָה
need, necessity (m)	צוֹרֶךְ
bud (m)	צִיץ
'cello (m)	צֶ'לוֹ
thirsty (m sing)	צָמֵא
scarf (m)	צָעִיף
young	צָעִיר, צְעִירָה, צְעִירִים, צְעִירוֹת
north (m)	צָפוֹן
must	צָרִיךְ

ק

arrange, set	קבע
receive *(pi'el)*	קבל
group	קְבוּצָה
line (m)	קַו
beforehand	קוֹדֶם
first of all	קוֹדֶם כָּל
voice (m)	קוֹל
cinema (m)	קוֹלְנוֹעַ
get up	קוּם
concert (m)	קוֹנְצֶרְט
ticket-office (f)	קוּפָּה, קוּפַּת הַכַּרְטִיסִים
National Health Service	קוּפַּת חוֹלִים
Coca-Cola	קוֹקָה-קוֹלָה
small	קָטָן (קְטַנָּה, קְטַנִּים, קְטַנּוֹת)
kilometre (m)	קִילוֹמֶטֶר
summer (m)	קַיִץ
light, easy	קַל
clenched	קָמוּץ
buy	קנה
shopping (f)	קְנִיּוֹת
coffee (m)	קָפֶה
frozen	קָפוּא (קְפוּאָה, קְפוּאִים, קְפוּאוֹת)
a little	קְצָת
cold	קַר (קָרָה, קָרִים, קָרוֹת)
read	קרא
near	קָרוֹב (קְרוֹבָה, קְרוֹבִים, קְרוֹבוֹת)
cool (adj)	קָרִיר
career (f)	קַרְיֶרָה
hard, difficult	קָשֶׁה (קָשָׁה, קָשִׁים, קָשׁוֹת)

ר

see	ראה
mirror (m)	רְאִי
head (m)	רֹאשׁ
first	רִאשׁוֹן, רִאשׁוֹנָה
fourth	רְבִיעִי, רְבִיעִית
quarter (m)	רֶבַע
minute (m)	רֶגַע
leg(s) (f)	רֶגֶל רַגְלַיִם
feel *(hif'il)*	רגש
radio (m)	רָדְיוֹ, ראדיו
accountant (m, f)	רוֹאֶה/רוֹאַת חֶשְׁבּוֹן
most of	רוֹב
wind (f)	רוּחַ
doctor (m, f)	רוֹפֵא, רוֹפְאָה

dentist	רוֹפֵא/רוֹפְאָה שִׁנַּיִם
run	רוּץ
street (m)	רְחוֹב, רְחוֹבוֹת
far, distant	רָחוֹק (רְחוֹקָה, רְחוֹקִים, רְחוֹקוֹת)
quarrel (m)	רִיב
running (f)	רִיצָה
train (f)	רַכֶּבֶת
bad	רַע (רָעָה, רָעִים, רָעוֹת)
hungry (m sing)	רָעֵב
want	רצה
only	רַק
permission, authority (f)	רְשׁוּת
authority (f)	רָשׁוּת
driving licence (m)	רִשְׁיוֹן נְהִיגָה
list (f)	רְשִׁימָה
write down	רשם
	שׁ, שׂ
that (conjunction)	-שֶׁ
ask	שאל
week(s) (m)	שָׁבוּעַ, שָׁבוּעוֹת
next week	בַּשָּׁבוּעַ הַבָּא
last week	בַּשָּׁבוּעַ שֶׁעָבַר
weekly	שְׁבוּעִי/ת
seventh	שְׁבִיעִי, שְׁבִיעִית
seven (f)	שֶׁבַע
seven (m)	שִׁבְעָה
seventy	שִׁבְעִים
Saturday (Sabbath)	שַׁבָּת
field (m)	שָׂדֶה
the airport (m)	שְׂדֵה-הַתְעוּפָה
again	שׁוּב
policeman (m)	שׁוֹטֵר
table(s) (m)	שׁוּלְחָן, שׁוּלְחָנוֹת
writing desk (m)	שׁוּלְחָן כְּתִיבָה
nothing	שׁוּם דָּבָר
play (game or sport) *(pi'el)*	שחק
actor, actress	שַׂחְקָן, שַׂחְקָנִית
area (m)	שֶׁטַח
wash (dishes)	שטף
broadcast (m)	שִׁידּוּר
put	שִׂים

sing	שִׁיר
six (m)	שִׁישָּׁה
sixth	שִׁישִּׁי, שִׁישִּׁית
sixty	שִׁישִּׁים
forget	שכח
rent	שׂכר
of	שֶׁל
theirs (m pl)	שֶׁלָּהֶם
theirs (f pl)	שֶׁלָּהֶן
his	שֶׁלּוֹ
sleeve (m)	שַׁרְווּל
peace (m)	שָׁלוֹם
three (f)	שָׁלוֹשׁ
three (m)	שְׁלוֹשָׁה
thirty	שְׁלוֹשִׁים
mine	שֶׁלִּי
third	שְׁלִישִׁי, שְׁלִישִׁית
yours (f sing)	שֶׁלָּךְ
yours (m sing)	שֶׁלְּךָ
yours (m pl)	שֶׁלָּכֶם
yours (f pl)	שֶׁלָּכֶן
pay *(pi'el)*	שלם
complete, full (stative)	שָׁלֵם
ours	שֶׁלָּנוּ
name(s) (m)	שֵׁם, שֵׁמוֹת
left	שְׂמֹאל, שְׂמֹאלָה
eight (m)	שְׁמוֹנָה
eight (f)	שְׁמוֹנֶה
eighty	שְׁמוֹנִים
happy	שָׂמֵחַ
celebration (f)	שִׂמְחָה
happiness (f)	שִׂמְחָה
sky (m pl)	שָׁמַיִם
dress(es) (f)	שִׂמְלָה/שְׂמָלוֹת
hear, listen to	שמע
eighth	שְׁמִינִי, שְׁמִינִית
sun (m, f)	שֶׁמֶשׁ
tooth, teeth (f)	שֵׁן, שִׁנַּיִם
year(s) (f)	שָׁנָה, שָׁנִים
next year	בַּשָּׁנָה הַבָּאָה
last year	בַּשָּׁנָה שֶׁעָבְרָה
second	שֵׁנִי, שְׁנִיָּה
two (m)	שְׁנֵי

two (m)	שְׁנַיִם
hour (f)	שָׁעָה
hair (f)	שֵׂעָר/שְׂעָרוֹת
language (f)	שָׂפָה
lip, lips (f)	שָׂפָה, שְׂפָתַיִם
flu (f)	שַׁפַּעַת
silence (m)	שֶׁקֶט
shekel(s) (m)	שֶׁקֶל, שְׁקָלִים
minister (m)	שַׂר
plumber	שְׁרַבְרַב, שְׁרַבְרַבִית
communal taxi (m)	שֵׁרוּת
service (m)	שֵׁרוּת
army service (f)	שֵׁרוּת צְבָאִי
toilet(s) (m)	שֵׁרוּתִים
six (f)	שֵׁשׁ
drink	שתה
drunk	שָׁתוּי
two (f)	שְׁתֵּי
two (f)	שְׁתַּיִם
	ת
tea (m)	תֵּה
thank you	תּוֹדָה
thank you very much	תּוֹדָה רַבָּה
queue (m)	תּוֹר
forecast (f)	תַּחֲזִית
station (f)	תַּחֲנָה
the central station (f)	הַתַּחֲנָה הַמֶּרְכָּזִית
under	תַּחַת
theatre (m)	תֵּיאַטְרוֹן
handbag (m)	תִּיק
tourist (m)	תַּיָּר
tourist (f)	תַּיֶּרֶת
programme (f)	תָּכְנִית
picture (f)	תְּמוּנָה
always	תָּמִיד
orange (m)	תַּפּוּז
apple (m)	תַּפּוּחַ
potatoes (m pl)	תַּפּוּחֵי אֲדָמָה
engaged (e.g. on door)	תָּפוּס
catch	תפס
menu (m)	תַּפְרִיט
budget (m)	תַּקְצִיב
media (f)	תִּקְשׁוֹרֶת
kitbag (m)	תַּרְמִיל
ninth	תְּשִׁיעִי, תְּשִׁיעִית
payment (m)	תַּשְׁלוּם
nine (f)	תֵּשַׁע
nine (m)	תִּשְׁעָה
ninety	תִּשְׁעִים

Verbs

List of infinitives

The following list gives the roots of verbs used in this course, followed by their infinitives.

love, like	אהב, לֶאֱהוֹב	go out	יצא, לָצֵאת
eat	אכל, לֶאֱכוֹל	descend	ירד, לָרֶדֶת
say	אמר, לוֹמַר	sit	ישב, לָשֶׁבֶת
pack	ארז, לַאֲרוֹז	sleep	ישן, לִישׁוֹן
examine, check	בדק, לִבְדּוֹק	hurt	כאב, לִכְאוֹב
come	בוא, לָבוֹא	launder, wash (*pi'el*)	כבס, לְכַבֵּס
build	בנה, לִבְנוֹת	write	כתב, לִכְתּוֹב
visit (*pi'el*)	בקר, לְבַקֵּר	wear	לבש, לִלְבּוֹשׁ
request (*pi'el*)	בקש, לְבַקֵּשׁ	learn	למד, לִלְמוֹד
cook (*pi'el*)	בשל, לְבַשֵּׁל	teach (*pi'el*)	למד, לְלַמֵּד
live, dwell	גור, לָגוּר	take	לקח, לָקַחַת
worry	דאג, לִדְאוֹג	measure	מדד לִמְדּוֹד
speak (*pi'el*)	דבר, לְדַבֵּר	sell	מכר, לִמְכּוֹר
light (*hif'il*)	דלק, לְהַדְלִיק	find	מצא, לִמְצוֹא
be	היה, לִהְיוֹת	wait (*hif'il*)	מתן, לְהַמְתִּין
go, walk	הלך, לָלֶכֶת	play (*pi'el*)	נגן, לְנַגֵּן
overturn	הפך, לַהֲפוֹךְ	arrive (*hif'il*)	נגע, לְהַגִּיעַ
remember	זכר, לִזְכּוֹר	travel	נסע, לִנְסוֹעַ
invite (*hif'il*)	זמן, לְהַזְמִין	give	נתן, לָתֵת
return	חזר, לַחֲזוֹר	close	סגר, לִסְגּוֹר
wait	חכה, לְחַכּוֹת	arrange, tidy (*pi'el*)	סדר, לְסַדֵּר
dream	חלם, לַחֲלוֹם	agree (*hif'il*)	סכם, לְהַסְכִּים
change, exchange (*hif'il*)	חלף, לְהַחֲלִיף	tell (*pi'el*)	ספר, לְסַפֵּר
seek, look for (*pi'el*)	חפש, לְחַפֵּשׂ	work	עבד, לַעֲבוֹד
		pass	עבר, לַעֲבוֹר
think	חשב, לַחֲשׁוֹב	help	עזר, לַעֲזוֹר
fly	טוס, לָטוּס	stand	עמד, לַעֲמוֹד
tour, stroll (*pi'el*)	טיל, לְטַיֵּל	answer	ענה, לַעֲנוֹת
know	ידע, לָדַעַת	stop	עצר, לַעֲצוֹר

arrange	ערך, לַעֲרוֹךְ
do	עשה, לַעֲשׂוֹת
smoke (*pi'el*)	עשן, לְעַשֵּׁן
meet	פגש, לִפְגּוֹשׁ
fear	פחד, לִפְחוֹד,
(also *pi'el*)	לְפַחֵד
turn	פנה, לִפְנוֹת
act, do	פעל, לִפְעוֹל
interfere (*hif'il*)	פרע, לְהַפְרִיעַ
open	פתח, לִפְתּוֹחַ
arrange, set	קבע, לִקְבּוֹעַ
receive (*pi'el*)	קבל, לְקַבֵּל
get up	קום, לָקוּם
buy	קנה, לִקְנוֹת
read	קרא, לִקְרוֹא
see	ראה, לִרְאוֹת
feel (*hif'il*)	רגשׁ, לְהַרְגִּישׁ
run	רוץ, לָרוּץ
want	רצה, לִרְצוֹת
write down	רשׁם, לִרְשׁוֹם
ask	שׁאל, לִשְׁאוֹל
play (*pi'el*)	שׂחק לְשַׂחֵק
wash (dishes)	שׁטף, לִשְׁטוֹף
put	שׂים, לָשִׂים
sing	שׁיר, לָשִׁיר
forget	שׁכח, לִשְׁכּוֹחַ
rent	שׂכר, לִשְׂכּוֹר
pay (*pi'el*)	שׁלם, לְשַׁלֵּם
listen, hear	שׁמע, לִשְׁמוֹעַ
drink	שׁתה, לִשְׁתּוֹת
catch	תפס, לִתְפּוֹס

Verb groups

We have arranged the verbs explained in this course in groups according to the patterns they follow; these groups are numbered **1** to **5** for convenience and are summarized below. Other groupings of similar verbs are also set out below under numbers **6** to **9**. Note that a verb may belong to more than one group; for example, חכה (wait) is a *pi'el* verb (Group 2) with the ending ה (Group 3).

Group 1

Regular verbs such as סגר (close): verbs which have no gutturals or weak letters in their roots.

Future tense	*Past tense*	*Present tense*
אני אֶסְגּוֹר	אני סָגַרְתִּי	סוֹגֵר, סוֹגֶרֶת, סוֹגְרִים, סוֹגְרוֹת
אנה תִסְגּוֹר	אתה סָגַרְתָּ	
את תִסְגְּרִי	את סָגַרְתְּ	
הוא יִסְגּוֹר	הוא סָגַר	Other verbs like this:
היא תִסְגּוֹר	היא סָגְרָה	בּדק, זכר, כּתב, לבשׁ, לָמד, מדד,
אנחנו נִסְגּוֹר	אנחנו סָגַרְנוּ	מכר, סגר, פּגשׁ, רשׁם, שׁבר,
אתם תִסְגְּרוּ	אתם סְגַרְתֶּם	שׁטף, תפס
אתן תִסְגְּרוּ	אתן סְגַרְתֶּן	
הם יִסְגְּרוּ	הם סָגְרוּ	
הן יִסְגְּרוּ	הן סָגְרוּ	

Group 2

Pi'el verbs: these have the letter מ in front of the root in the present tense.

Future tense	*Past tense*	*Present tense*
אני אֲדַבֵּר	אני דִּבַּרְתִּי	מְדַבֵּר, מְדַבֶּרֶת, מְדַבְּרִים, מְדַבְּרוֹת
אתה תְּדַבֵּר	אתה דִּבַּרְתָּ	
את תְּדַבְּרִי	את דִּבַּרְתְּ	
הוא יְדַבֵּר	הוא דִּבֵּר	Other verbs like this:
היא תְּדַבֵּר	היא דִּבְּרָה	בּקר, בּקשׁ, בּשׁל, דּבּר, חכּה,
אנחנו נְדַבֵּר	אנחנו דִּבַּרְנוּ	חפּשׂ, כּבּס, למד, נגן, סדר, ספּר,
אתם תְּדַבְּרוּ	אתם דִּבַּרְתֶּם	עשׁן, קבּל, שׂחק, שׁלם
אתן תְּדַבְּרוּ	אתן דִּבַּרְתֶּן	
הם יְדַבְּרוּ	הם, הן דִּבְּרוּ	
הן יְדַבְּרוּ		

Group 3

Verbs such as קנה (buy), with ה as their final root-letter.

Future tense	*Past tense*	*Present tense*
אני אֶקְנֶה	אני קָנִיתִי	קוֹנֶה, קוֹנָה, קוֹנִים, קוֹנוֹת
אתה תִּקְנֶה	אתה קָנִיתָ	
את תִּקְנִי	את קָנִית	
הוא יִקְנֶה	הוא קָנָה	Other verbs like this:
היא תִּקְנֶה	היא קָנְתָה	בּנה, היה, עשׂה, ראה, רצה
אנחנו נִקְנֶה	אנחנו קָנִינוּ	
אתם תִּקְנוּ	אתם קְנִיתֶם	
אתן תִּקְנוּ	אתן קְנִיתֶן	
הם יִקְנוּ	הם, הן קָנוּ	
הן יִקְנוּ		

Group 4

Verbs such as קום (get up) or שׁיר (sing) with ו or י as their middle root-letter.

Future tense	*Past tense*	*Present tense*
אני אָקוּם	אני קַמְתִי	קָם, קָמָה, קָמִים, קָמוֹת
אתה תָקוּם	אתה קַמְתָ	
את תָקוּמִי	את קַמְתְ	
הוא יָקוּם	הוא קָם	Other verbs like this:
היא תָקוּם	היא קָמָה	בּוֹא, גוּר, טוּס, רוּץ, שִׂים
אנחנו נָקוּם	אנחנו קַמְנוּ	
אתם תָקוּמוּ	אתם קַמְתֶם	
אתן תָקוּמוּ	אתן קַמְתֶן	
הם יָקוּמוּ	הם, הן קָמוּ	
הן יָקוּמוּ		

Group 5

Hif'il verbs: these have the letter מ in front of the root in the present tense, the letter ה in front of the root in the past tense, and the letter י between the second and third root-letters in all tenses.

Future tense	*Past tense*	*Present tense*
אני אַתְחִיל	אני הִתְחַלְתִי	מַתְחִיל
אתה תַתְחִיל	אתה הִתְחַלְתָ	מַתְחִילָה
את תַתְחִילִי	את הִתְחַלְתְ	מַתְחִילִים
הוא יַתְחִיל	הוא הִתְחִיל	מַתְחִילוֹת
היא תַתְחִיל	היא הִתְחִילָה	
אנחנו נַתְחִיל	אנחנו הִתְחַלְנוּ	
אתם תַתְחִילוּ	אתם הִתְחַלְתֶם	Other verbs like this
אתן תַתְחִילוּ	אתן הִתְחַלְתֶן	(given here in the infinitive):
הם יַתְחִילוּ	הם הִתְחִילוּ	לְהָבִין, לְהַגִּיעַ, לְהַדְלִיק, לְהַזְמִין,
הן יַתְחִילוּ	הן הִתְחִילוּ	לְהַחְלִיט, לְהַמְתִּין, לְהַפְרִיעַ

Grouping 6

Verbs such as עמד (stand) or חזר (return) which have the gutturals ה, ח, ע as their first root-letter. These are regular in the present and past tenses, so only the future tense is given. Note that ארז also belongs to this group.

אני אַעֲמוֹד
אתה תַעֲמוֹד
את תַעַמְדִי
הוא יַעֲמוֹד
היא תַעֲמוֹד
אנחנו נַעֲמוֹד
אתם תַעַמְדוּ
אתן תַעַמְדוּ
הם יַעַמְדוּ
הן יַעַמְדוּ

Other verbs like this:
ארז, הפך, חלם, חשב, עבד, עבר,
עזר, עצר, ערך

Verbs such as פתח (open) which have ע or ח as their final root-letter; verbs such as דאג (worry) which have one of א, ה, ח, ע as their middle root-letter. These are regular in the present and past tenses, so again only the future is given.

אני אֶפְתַח
אתה תִפְתַח
את תִפְתְחִי
הוא יִפְתַח
היא תִפְתַח
אנחנו נִפְתַח
אתם תִפְתְחוּ
אתן תִפְתְחוּ
הם יִפְתְחוּ
הן יִפְתְחוּ

Other verbs like this:
כאב, נסע, פחד, פעל, קבע, שאל,
שכח, שמע

Grouping 7

Verbs such as מצא (find), which have א as their final root-letter. This verb is regular in the past tense, so only the present and future tenses are given.

Present tense

מוֹצֵא, מוֹצֵאת, מוֹצְאִים, מוֹצְאוֹת

Other verbs like this:

קרא

יצא in the present and past tenses

Future tense

אני אֶמְצָא
אתה תִּמְצָא
את תִּמְצְאִי
הוא יִמְצָא
היא תִּמְצָא
אנחנו נִמְצָא
אתם תִּמְצְאוּ
אתן תִּמְצְאוּ
הם יִמְצְאוּ
הן יִמְצְאוּ

Grouping 8

Verbs such as ירד (descend) which have י as their first root-letter, plus the exceptional verb הלך (go, walk). These are regular in the present and past tenses, so only the future tense is given.

אני אֵרֵד
אתה תֵּרֵד
את תֵּרְדִי
הוא יֵרֵד
היא תֵּרֵד
אנחנו נֵרֵד
אתם תֵּרְדוּ
אתן תֵּרְדוּ
הם יֵרְדוּ
הן יֵרְדוּ

Other verbs like this:

הלךְ, ישב, ידע, יצא

Grouping 9

Irregular verbs

נתן (give)

This verb is regular in the present tense.

Future tense	Past tense
אני אֶתֵן	אני נָתַתִי
אתה תִתֵן	אתה נָתַתָ
את תִתְנִי	את נָתַת
הוא יִתֵן	הוא נָתַן
היא תִתֵן	היא נָתְנָה
אנחנו נִתֵן	אנחנו נָתַנוּ
אתם תִתְנוּ	אתם נְתַתֶם
אתן תִתְנוּ	אתן נְתַתֶן
הם יִתְנוּ	הם/הן נָתְנוּ
הן יִתְנוּ	

לקח (take)

This verb is regular in the past and present tenses.

Future tense
אני אֶקַח
אתה תִקַח
את תִקְחִי
הוא יִקַח
היא תִקַח
אנחנו נִקַח
אתם תִקְחוּ
אתן תִקְחוּ
הם יִקְחוּ
הן יִקְחוּ

יכל (be able to)

Future tense	Past tense	Present tense
אני אוּכַל	אני יָכוֹלְתִי	יָכוֹל, יְכוֹלָה, יְכוֹלִים, יְכוֹלוֹת
אתה תוּכַל	אתה יָכוֹלְתָ	
את תוּכְלִי	את יָכוֹלְתְ	
הוא יוּכַל	הוא יָכוֹל	
היא תוּכַל	היא יָכְלָה	
אנחנו נוּכַל	אנחנו יָכוֹלְנוּ	
אתם תוּכְלוּ	אתם יְכוֹלְתֶם	
אתן תוּכְלוּ	אתן יְכוֹלְתֶן	
הם יוּכְלוּ	הם יָכְלוּ	
הן יוּכְלוּ	הן יָכְלוּ	

Index

Section numbers are given in brackets, followed by page numbers.